KB119668

내면가족체계[IFS] 치료모델

우울, 불안, PTSD, 약물남용에 관한
트라우마 전문 치료 기술훈련 안내서

Internal Family Systems
Skills Training Manual

*Trauma–Informed Treatment for Anxiety,
Depression, PTSD & Substance Abuse*

Frank G. Anderson, MD · Martha Sweezy, PhD · Richard C. Schwartz, PhD 공저

서 광 · 신인수 · 효 림 · 김현진 공역

학지사

역자 서문

우리 역자들은 최근 심리치료 분야에서 매우 혁신적인 치료접근인 내면가족체계Internal Family Systems(IFS) 모델을 소개하게 되어 기쁩니다. IFS 치료모델은 리처드 슈워츠Richard C. Schwartz 박사가 자신이 배운 기존의 치료기법으로 치료할 수 없는 내담자들을 만나 그들의 이야기를 경청하는 과정에서 내담자들의 내면에서 들려오는 매우 다양한 목소리를 발견하고 그 목소리들을 '부분part' 또는 '하위 인격subpersonality'이라는 말로 개념화하는 데서 시작되었습니다.

IFS는 정신건강에서 나타나는 증상을 병리적 측면보다는 부분들의 다양한 표현으로 바라봅니다. 그러므로 IFS 치료모델은 우리 내면에서 일어나는 마음의 갈등과 전쟁하는 부분들을 하나의 독립된 인격체로 보고, 각각의 부분이 서로 어떻게 작용하는지 그리고 이들의 작용기능과 갈등, 동맹 등의 구조적인 역동을 세밀하게 이해하고 치유하는 방안을 제시합니다.

특히 우울, 불안, PTSD, 약물남용과 관련된 트라우마의 작용원리를 IFS 치료모델의 입장에서 설명하고, 실제로 그와 같은 트라우마를 겪고 있는 개인들의 다양한 사례를 통해서 치료의 시작과 중간, 마무리 단계에 이르기까지 치료기법의 세밀한 예시를 보여 줍니다. 또한 치료의 각 단계에서 일어날 수 있는 부작용과 원인, 주의사항, 대처법에 대해서도 친절하게 설명하고 있습니다.

이 책은 정신치료와 상담 분야에 새로운 접근법을 제공하고, 특히 명상기반 치유에 보다 풍부한 사례와 기법을 제공해 줄 것입니다. 그 뿐만 아니라 일상의 삶에서 다양한 이유와 동기로 내적 갈등을 겪거나 유난히 자아소모self-consuming적인 유형의 개인들에게도 자신을 이해하는 데 특별한 도움을 줄 것으로 생각합니다.

마지막으로, IFS 치료모델에 특별한 애정과 관심을 가지고 있는 우리 역자들은 각자의 내면세계를 이해하고 공부하는 마음으로 번역하였음을 밝혀 둡니다. 이 책을 통해서 많은 분이 자신 안에 잠재된 연민, 평온함, 용기, 명료함, 감사, 기쁨 등의 특성을 지닌 '참나Self'의 본질에 좀 더 가까이 다가가고, 일상의 힘든 상황들과 마주하는 순간들을 보다 편안하고 지혜롭게 보내실 수 있기를 염원합니다.

2020년 10월
역자 일동

일러두기

① 본문의 사례나 실습에서 내담자의 부분에 하대 표시한 것은 독자의 이해를 돕기 위한 것으로서 실제 심리상담/심리치료 장면에서는 존대하는 것이 더 필요할 수 있다.

② 최근 참나리더십센터The Center for Self Leadership의 명칭이 내면가족체계센터 IFS Institute로 변경됨에 따라 누리집 주소가 www.ifs-institute.com으로 변경되었으나, 기존 주소로도 접속이 가능하기 때문에 본문에서는 그대로 두었다.

차례

제3장 ㅣ 치료작업 및 실습

제4장 ㅣ 보호자와의 동맹에서 겪는 공통적인 도전

제5장 ㅣ 치유: 짐 내려놓기 과정

제6장 | 치료 팁

제7장 | IFS 치료의 적용

제1장

/

내면가족체계(IFS) 개요

이 책의 저자 중 한 명이자 부부 및 가족 치료 박사인, 리처드 슈워츠Richard. C. Schwartz는 1980년대에 내면가족체계Internal Family Systems(IFS) 치료를 개발했다. 그는 섭식장애(ED) 청소년들을 치료하는 과정에서, 그들이 자신의 '다양한 부분들'과 내면의 대화를 한다고 말을 한 것에 착안하였다. 슈워츠는 청소년들이 사용했던 말을 그대로 차용해서 그들의 하위인격체subpersonalities를 '부분parts'이라고 칭하였고, 내담자에게 가족구성원들이 서로 소통하듯이 그들의 섭식장애 부분들과 소통하도록 격려하면서 대안을 탐색하게 했다. 이 과정에서 치료자인 그와 내담자가 극단적 섭식장애 부분을 설득하여 내담자가 극단적인 섭식장애 부분의 왜곡된 관점으로부터 약간의 정신적 분리를 할 수 있다는 사실을 알게 되었다. 그렇게 될 경우, 내담자는 자연스럽게 부분에 대해 마음챙김하는(비판단적이고 호기심 어린) 상태가 되곤 하였다.

내담자와 부분들 사이에 이런 친절한—궁극적으로는 연민적인—관계 태도가 치유에 결정적인 영향을 미친다는 것이 입증되었고, IFS 치료의 근간을 이루게 되었다. 우리는 모두 머릿속의 끊임없는 재잘거림이 멈추게 되면서, 마치 마음과 가슴 그리고 영혼이 밝아지고 확장된 듯이 차분하고 광활한 느낌이 드는 그러한 명료함과 균형의 순간들을 경험해 본 적이 있다. 또 어떤 경우에는 짜증, 불신, 권태를 씻어 버리고 다른 사람들과 즐거운 연결감의 파동을 느끼기도 한다. 슈워츠는 치료자와 내담자가 이와 같은 현상의 임계질량에 다다랐을 때 치유가 일어나는 것을 관찰했는데, 이를 '참나Self'라고 이름 붙였다.

참나를 체현하고, 부분에 귀를 기울이라

현재 증거기반 치료법으로 인정받는 IFS의 목표는 참나를 체현embody해서 우리의 상처받은 부분들을 치유함으로써 호기심과 연민심이 이끄는 자신감 있는 삶을 사는 것이다. 이 책에서 안내하듯이, 내담자가 자신의 부분들을 제거하려고 애쓰기보다 참나를 더 많이 체현해서 부분들의 이야기를 경청할 때, 그들의 내면 대화는 자연스럽게 변화된다. 부분들의 극단적인 목소리가 진정되고 좋은 것들을 느끼기 시작한다. 더 안전하고, 더 가볍고, 더 자유롭고, 더 개방적이며, 더 유쾌해진다. 자신의 문제에 통찰을 거의 보이지 않던 내담자가 갑자기 자신의 감정과 정서적 내력의 궤적을 명료한 이해력을 가지고 추적할 수 있게 된다. 심지어 끊임없는 학대와 방치로 어린 시절을 보내서 변화의 가능성이 전혀 없을 것 같은 심각한 정신적·정서적 장애가 있는 내담자마저도, 일단 그들의 중심부에서 참나와 연결되면 통찰, 자기 수용, 안정 및 개인적 성장을 경험하게 된다.

심각한 내적 혼란까지도 수용하고 이해하는 능력이 갑자기 생겨나는 것을 반복적으로 목격하고 나서, 슈워츠는 전통적 치료방법이 걸어 온 궤도(증상 지향적, 결과 중심, 문제해결)에는 더 이상 그가 활용하고자 할 만한 방법이 없고, 그의 이해를 도울 수 없다고 결론지었다. 심리치료와 영성에서도 영혼, 신성, 불성 또는 의식의 핵심 자리와 같은 말로 우리가 참나라고 부르는 '본질essence'을 유사하게 설명하고 있다. 그의 경험에 따르면, 일단 부분들이 공간을 만들어 내면 우리는 모두 우리 자신의 진정한 핵심에 접속할 수 있다.

하지만 내담자의 참나가 이끌도록 안내하는 것은 쉽지 않다. 정신 및 치료에 대해 우리가 배운 많은 것이 우리의 두려움을 부채질하고 일정한 거리를 유지하게 만든다. DSM의 지침은 언제나 우리에게 가장 무섭고 병리적인 내담자의 행동에 초점을 맞추라고 권한다. 우리의 경력과 명성 그리고 법적인 소송 가능성에 대한 우려들이 우리를 경계 상태에 있게 만든다. 이와 동시에 내담자들의 내면에 있는 매우 다루기 힘든 감정, 생각, 편견, 부정적 연합, 뜻밖의 충동들을 우리가 불러일으키는 만큼, 내담자들 또한 우리 내면의 감정들을 불러일으키기 때문에, 회기 중에 우리의 개인적인 짐들이 우리를 더욱 취약하게 만들어서 우리가 스스로를 도울 수 있기 전에는 내담자를 도울 수 없게 만들기도 한다. 우리 자신에 대한 탐색이 먼저 이루어지지 않는 한, 우리는 내담자들과 함께 그들의 공포와 굴욕 그리고 파괴적인 외로움 속으로 들어갈 수가 없다.

그 결과 우리는 우리 내면의 야만인들, 증오하고 분노하고 억압하고 위협하고 배신하고 협박하고 온갖 방식으로 편견과 탐욕에 몰두하는, 또는 이보다는 다소 덜 혐오스러운 우울이나, 불안, 독선, 죄책감, 자기혐오 같은 환영받지 못하는 부분들을 제쳐놓고 무시할 수가 없다. 그렇지만 일단 우리가 자신의 극단적인 반응들과 친해지게 되면—친해지는 것befriending은 질책하는 것보다 훨씬 더 유익하고 무난하며 효과적인 활동이므로—내담자가 자신의 감정들과 친해지도록 돕는 것이 치료자인 우리에게도 상당한 유익을 제공한다. 우리가 자신의 부분들을 추방하지 않고 경청하게 되면, 그렇게 열심히 작업하지 않아도 부분들은 변용될 수 있다.

내담자의 마음과 조율하기 위해서, 우리는 우리 자신에게 큰 투자를 해야 한다. 그것은 도전적일 수 있다. 그러나 일단 우리가 내적으로 연결될 수 있으면, 회기는 마치 마법이 펼쳐지듯이 힘들이지 않고 진행된다. IFS 치료자로서 우리의 일은 내담자들과 깊숙한 마음챙김, 온전한 주의, 집중된 자각 그리고 내적 평온과 같은 상태와 함께하는 것이다. 우리는 이 활기차고 생기로운 상태에서, 내면으로 향하는 내담자의 경이로운 여정을 목격하는 특권을 누리면서 몇 시간을 보낸 후, 흔히 우리보다 훨씬 더 큰 무언가와 연결되는 느낌으로 하루를 마감하곤 한다.

이 책의 활용법

IFS는 경험적이다: 이 책의 실습을 먼저 자신에게 적용하기

　IFS의 치료 접근법을 파악하는 가장 좋은 방법은 직접 경험을 해 보는 것이다. 그리고 내담자들과 함께 IFS를 실습하는 가장 좋은 방법은, 그것이 치료자 자신에게 어떤 느낌을 주는지 아는 것이다. 내담자들에게 이 실습을 사용하기 전에 반드시 본인이 먼저 이 책의 실습에 참여해 볼 것을 권장한다.

명상

　이 책에는 IFS 모델을 기반으로 하는 여러 명상법이 수록되어 있다. 자신에게 맞는 방식으로 자유롭게 사용해도 좋다. 녹음을 해서 재생할 수도 있고, 또는 끝까지 읽고 나서 그 단계를 단순하게 기억해서 활용할 수도 있다. 또한 전체를 순서대로 진행할 수도 있고, 다른 부분으로 넘어가기 전에 같은 부분을 여러 번 진행해도 된다.

신경과학

　IFS 치료모델의 각 단계들과 관련된 최신 신경과학 지식도 이 책에 담았다. 이 내용이 당신이 치료적 결정을 내리는 데 필요한 정보를 제공할 뿐만 아니라 IFS 치료회기 동안 뇌에서 일어날 수 있는 것들을 이해하는 데 도움이 되기를 바란다.

이 책이 가르쳐 줄 수 있는 것

　이 책에서 우리는 독자에게 IFS 심리치료모델의 흐름을 서술적이고 경험적으로 안내하면서, 내면 체계를 지배하는 부분들의 숨겨진 긍정적 동기들에 대해 소개하고, 증상 이면에 있는 문제를 해결하기 위한 효과적인 진략을 보여 준다.

　우리는 또한 IFS 치료의 최종 치유단계에서 내담자가 자신의 가장 취약한 영역으로 들어가는 것을 보여 준다. 하지만 우리는 이에 대한 경험적 실습을 제공하지 않을 뿐만 아니라 당신에게 짐 내려놓기를 시도해 보라고 권장하지도 않는다. 대신에 우리는 정식으로 IFS 훈련을 받지 않은 치료자는 이전에 받은 훈련과 전문성으로 되돌아갈 것을 촉구한다. IFS 훈련을 배우기 위한 초기부터 마지막 단계에 이르기까지, 그리고 IFS 모델의 숙련도를 극대화하기 위해서, 우리는 참나리더십센터The Center for Self Leadership에서 제공하는 공식적이고 체험적인 훈련에 참여할 것을 권장한다. 또한 IFS 치료자와 함께 IFS 치료를 받아 볼 것을 권장한다. 다양한 훈련 기회들과 훈련된 IFS 치료자들의 목록에 대한 자세한 내용은 selfleadership.org에 있다.

IFS 마음모델

IFS 치료는 마음에 대한 복수 모델plural model을 사용한다. 우리는 모두 수없이 많은 부분으로 이루어진 내면체계를 가지고 있다. 이들은 내부적으로 서로 다른 부분들과 상호작용하며, 외부적으로는 다른 사람들과 상호작용한다. 뿐만 아니라 우리 모두는 부분이 아닌 어떤 핵심 자원을 가지고 있는데, 이것의 특징은 균형과 호기심, 연민심이다. 슈워츠는 부분이 아닌 이 자원을 '참나Self'라고 칭했다. 슈워츠는 자신이 받은 가족치료 훈련 덕분에 개인의 정신을 하나의 체계로서 개념화할 수 있었다고 한다(Schwartz, 1995). 이 내면체계에서 어떤 부분들은 이런 저런 형태로 아동기에 흔히 있을 수 있는, 피할 수 없는 관계에 의한 상처에 대응해서 보호 역할을 담당한다. IFS는 보호와 상처, 이 두 가지 범주의 부분들이 갖는 욕구에 주의를 기울인다.

IFS 용어 해설

모든 심리치료와 마찬가지로 IFS에서도 어떤 단어나 문구들에 고유한 의미를 부여한다. 다음은 IFS에서 사용하는 용어이다.

- 5P: IFS 치료자의 특질ー현존Presence, 인내Patience, 끈기Persistence, 조망Perspective, 쾌활함Playfulness
- 6F: 참나로부터 보호 부분들을 분리시키기 위해서 우리가 사용하는 단계들ー발견하기Find, 초점 두기Focus, 구체화하기Flesh-out, 느끼기Feel, 친해지기beFriend, 두려움 탐색하기Fears
- 8C: 참나 에너지의 특질들ー호기심Curiosity, 평온함Calm, 명료함Clarity, 연결감Connectedness, 자신감Confidence, 용기Courage, 창의성Creativity, 연민Compassion
- **구출**retrieval: 추방된 부분이 필요로 하는 방식으로 목격되고 난 이후, 추방된 부분이 과거(멈춰진 시간으로 계속 존재해 왔던)를 떠나서 현재로 돌아온다.

- **내면 소통**internal communication: 내면 소통(내적 통찰in-sight이라고도 함)은 부분들을 이해하고 의사소통하기 위해서 성인에게 사용하는 주요 접근 방식이다. 내면 소통은 내담자가 부분들을 인식하고(종종 시각적, 근운동 감각적, 청각적 경험의 도움을 받음) 그들과 직접적으로 소통하기 위해서 참나 에너지 상태에 충분히 머무를 것을 요구한다. 보호자들이 내면 소통을 가로막을 때 우리는 직접 접속을 사용한다.

- **다시 하기**do-over: 추방된 부분이 내담자의 참나를 자신이 갇혀 있는 과거의 시간과 장소로 데리고 가서 그 당시에 자신을 위해서 누군가 해 주길 바랐던 것들을 참나에게 해 달라고 요청하는 것. 이 작업을 마치고 나서, 부분이 준비가 되면 언제든지 참나는 그곳에서 부분을 빼내어 현재 시간으로 데리고 올 수 있다.

- **목격하기**witnessing: 부분이 자신이 이해받고, 수용되고, 스스로를 수용하며self-accepting 사랑을 받는다고 느낄 때까지 내담자의 참나에게 자신의 경험을 보여 주거나 말하는 과정이다.

- **부분들**parts: 내면의 존재들, 또는 하위 인격체들. 이들은 독립적으로 기능하고 감정, 생각, 신념, 감각의 전 범위를 폭넓게 지니고 있다. 자신이 이해받고 인정받는다고 느낄 때, 자신만의 참나 에너지를 가지고 있는 이 존재들은 생김새, 나이, 성별, 재능, 관심사에서 다양해진다. 이들은 내면 체계에 존재하면서 다양한 역할을 떠맡고 있다. 부분들은 추방되지 않았거나 추방된 부분들을 관리하는 방법에 대해 서로 갈등하지 않을 경우, 우리의 효율적인 기능과 전반적인 웰빙에 다양한 방식으로 기여한다.

─부분들의 세 가지 유형

관계 안에서 서로 어떻게 기능하는가에 따라 IFS는 부분들을 크게 세 가지 범주로 구분한다. 상처 입은 부분, 또는 **추방자**exile─다른 부분들의 행동에 영향을 미치는 일차적 존재다. 두 종류의 보호 부분들이 추방자 주위를 맴돈다. **관리자**manager로 불리는 사전 예방적인 보호자는, 추방자가 어떻게 느끼는지와 상관없이 개인적인 기능을 유지하는 역할을 한다. **소방관**firefighter으로 불리는 사후 대응적 보호자는, 최선을 다하는 관리자의 노력에도 불구하고 튀어 나오는 추방된 부분들의 정서적 고통에 대한 주의를 분산시키고 억압하는 역할을 한다.

1. **추방자**exiles: 감정, 신념, 감각, 행동으로 드러나는 이 부분들은 아동기에 수치심, 묵살, 학대 또는 방임을 경험했고, 이후 이들의 안전을 위해 보호자들에 의해 추방됨으로써 정서적 고통이 내면체계를 압도하지 못하게 된다. 엄청난 내부 에너지가 추방자들을 의식 밖으로 몰아내는 데 소비된다.

보호자

2. **사전 예방적 보호자**proactive protectors 또는 **관리자**managers: 학습, 기능, 사전 준비 및 안정에 중점을 두는 사전 예방적 조력자다. 관리자들은 추방자가 촉발되어 내면 체계가 감정으로 범람하는 것을 방지하기 위해 경계를 늦추지 않는다. 그 결과 그들은 매우 열심히 일하면서 다양한 전략들, 특히 결단력 있고, 끈질기고, 비판적이며, 때로는 수치스러운 느낌 등을 사용해서 우리가 계속해서 감정에 치우치지 않고 직무 지향적이 되게 한다.

3. **사후 대응적[반동하는] 보호자**reactive protectors 또는 **소방관**firefighters: 사후 대응적 보호자들은 취약한 부분들을 추방하고 정서적 고통을 없애기를 원하기 때문에 관리자와 똑같은 목표를 공유한다. 하지만 사후 대응적 보호자들은 비상 대응 요원들이다. 그들은 관리자들의 억압적인 노력에도 불구하고 추방자들의 기억과 감정이 뚫고 나왔을 때 활성화된다. 사후 대응적 보호자들은 격렬해지는 경향이 있으며, 관리자들이 질색하는 알코올이나 약물 남용, 폭식, 과소비, 문란한 생활, 자해, 자살, 심지어 살인 같은 극단적 수단을 사용한다.

• **양극화**polarization: 추방자를 관리하는 방법을 두고, 갈등상황에 있는 두 보호자 사이의 대립적 관계이다. 그들의 상반된 견해는 시간이 흐를수록 더욱 극단적이고 소모적인 경향을 보인다. 그러나 두 부분들의 의도와 공헌이 내담자의 참나에 의해 인정받게 되면, 양극화된 보호자들은 대개 참나가 추방자를 돌보고, 보호하며, 송환하는 일을 수행하도록 기꺼이 허락한다. 그리고 나면 보호자들은 부담스러운 일에서 해방되고, 내면가족 안에서 자신들이 선호하는 역할을 발견할 수 있게 된다.

• **직접 접속**direct access: 부분들과 소통하는 방법으로 내면 소통(내적 통찰이라고도 함)에 대한 대안. 보호자가 분리하지 않으려고 할 때 치료자는 내담자의 부분들과 직접 대화한다. 직접 접속에서 치료자는 부분에게 분명하게 말할 수 있다(예: "제가 그 부분에게 직접 말할 수 있을까요? 당신은 왜 존이 술을 마시길 바라나요?"). 또는 내담자가 부분의 개념을 거부하면서 "그건 부분이 아니고 바로 저예요."라고 말할 때, 치료자는 부분에게 말하고 있다는 사실을 직접적 시인 없이, 암묵적으로 말할 수 있다. 직접 접속은 대개 아동과 작업할 때 활용되는 방법이지만(Krause, 2013), 어떤 아동에게는 내면 소통을 활용할 수도 있다.

• **짐**burdens: 부정적이고 자기참조적인 신념들('난 사랑스럽지 않아.' '난 쓸모없어.')과 트라우마와 관련된 강렬한 감정 상태(공포, 수치심, 격노), 신체 감각 또는 환시visions(플래시백flashback)

• **짐 내려놓기**unburdening: 추방된 부분의 고통스러운 감정, 트라우마적 감각, 그리고 가혹한 신념은 의식儀式을 통해서 방출되는데, 종종 원소들(빛, 흙, 공기, 물, 불) 중 한 가지를 수반

하는 심상을 활용한다.

• 짐 내려놓기 과정unburdening process: 전체적으로 볼 때, 짐 내려놓기 과정은 목격하기, 다시 하기, 구출하기, 짐 내려놓기, 새로운 특질들 초대하기, 그리고 보호자 확인하기를 포함한다.

• 짐 내려놓기 이후post-unburdening: 짐 내려놓기 이후 3~4주는 생리적 · 정서적 변화가 다져지는 기간이다.

• 짐 내려놓기 이후 보호자 확인하기protector check-in after unburdening: 새로운 것을 시도해 볼 수 있도록 보호자들을 초대하기—내담자의 참나가 추방자와 함께하면서(즉, 치유하고) 보호하는 것을 허용하기

• 짐을 짊어진burdened: 부분들이 자신에 대해 고통스러운 신념과 느낌을 가지고 있거나, 또는 외부로부터 오는 고통스러운 신체 감각이 있을 때. 짐을 내려놓기 전에는 벗어날 수 없다.

• 참나Self: 우리 각자에게 있는 타고난 현존으로서 우리의 내면 가족에게 어떤 비판단적이고 변용할 수 있는 자질들(호기심, 돌봄, 창의성, 용기, 평온함, 연결감, 명료함, 연민, 현존, 인내, 끈기, 조망, 쾌활함)과 함께 균형과 조화를 가져다준다. 부분들이 (부분들이 압도해서 그 결과 빛을 잃게 된) 참나와 혼합될 수는 있지만, 그럼에도 불구하고 참나는 지속적으로 존재하면서 부분들이 분리되는(즉, 탈혼합) 즉시 접속 가능accessible하다.

• 참나 에너지Self-energy: 참나가 부분들과의 관계에 가져다주는 조망과 정서

• 참나가 이끄는Self-led: 한 개인이 부분들의 이야기를 듣고, 이해하고, 함께 현존하는 역량이 있을 때, IFS 안에서나 다른 사람들과의 관계에서 부분들의 역할에 대한 중요성을 인정해 주고 감사해하는 상태

• 추방자를 위한 특질들 초대하기invitation for exiles: 짐 내려놓기 이후, 부분은 자신이 선택한 자질들을 초대하여 이전에 짐들이 차지하고 있던 공간을 채울 수 있다.

• 탈혼합unblended(또는 분화된differentiated 또는 분리된separated): 어느 부분도(예: 느낌, 생각, 감각, 신념) 참나를 압도하지 않고 함께 있는 상태이다. 탈혼합된 부분들이 계속해서 분리되고, 현존하고, 접속가능한 상태를 유지하지만 서로 우위를 차지하기 위해 경쟁하지 않을 때, 우리는 참나의 특질들에 접속할 수 있다. 이러한 탈혼합의 상태는 종종 내면 공간의 여유로움으로 체험된다.

• 혼합blended(또는 분화되지 않은undifferentiated): 한 부분이 다른 부분 또는 참나로부터 분화되지 않았을 때

연습해 보기: IFS로 생각의 틀 바꾸기

다음은 IFS에 대한 개념 정립을 위해, IFS 치료자와 트라우마를 겪고 있는 내담자의 초기 평가와 진단에 대한 사전 회기 사례이다.

세레나는 첫 회기를 진행하기 전에 미리 전화로 자신의 삶에 대한 몇 가지 간단한 세부정보를 제공한 다음, 자신의 어린 시절은 문제가 되지 않으니 과거를 돌아보는 데 많은 시간을 보내고 싶지 않다고 단호하게 주장한다. 그녀는 이전 치료에서 자신의 어린 시절에 대해 이야기를 해 봤지만 별 도움이 되지 않았다고 한다. 세레나는 자신의 독일인 남자친구가 미국을 떠나게 되면서 그와 헤어졌는데, 자신의 강렬한 반응에 당혹스러워했다.

세레나: 우리가 그렇게 진지했던 게 아닌가 봐요. 울음이 멈춰지지가 않네요.
치료자: 전에 심리치료를 받은 적이 있나요?
세레나: 네, 지루했어요. 다시는 하지 않겠다고 맹세했어요.

> * 치료자는 이 간단한 대화에서 세레나에 대해 몇 가지 중요한 사실을 알게 되고, IFS 모델에 따라 구성해 본다.
> – 세레나에게는 매우 슬퍼하는 부분이 있는데 왜 그런지 알지 못한다.
> – 독일인 남자친구와의 관계가 가벼웠거나 아니면 어떤 보호 부분이 지금 그 중요성을 최소화하고 있다.
> – 예전 치료에서 무언가를 몹시 참기 힘들었기 때문에, 세레나의 보호자들이 다시는 세레나를 치료에 보내지 않겠다고 맹세했다.

세레나가 첫 회기에 왔을 때 치료자는 다음의 내용을 모두 칠판에 적어서 그것을 함께 바라볼 수 있도록 했다.

세레나의 부분들:
울음을 멈출 수 없음
자신이 왜 울고 있는지 당혹스러움

남자친구와의 관계는 중요하지 않았다.
다시는 치료받으러 가지 않겠다!

부분들과의 대화라는 개념 소개하기

치료자: 당신이 이런 감정과 생각들에 대해 언급하셨지요. 나는 종종 우리가 그런 감정과 생각들에 대해 내면으로 초점을 두고 귀를 기울이면 우리 자신에 대해 중요한 것들을 배울 수 있다는 사실을 발견합니다. 시도해 볼 의향이 있으신가요? 어느 부분이 세레나 씨의 관심을 먼저 필요로 하는지 보세요.

세레나: 저는 왜 울음을 멈출 수 없죠?

부분의 언어로 전환하기, 진행을 계속하기 위한 허락 구하기

치료자: 좋아요. 그것에 대해 살펴봅시다. 울음을 멈출 수 없는 부분을 당신이 돕는 것에 대해 반대하는 부분이 있는지 물어보세요.

  * 일단 목표 부분을 선택하게 되면, 다른 부분들에게 진행에 대한 허락을 요청하는 것이 현명하다.

세레나: 좀 재미있네요. 그런데 누군가 소리 지르는 것이 들리네요. "난 여기 있고 싶지 않아!" 하고요.

모든 부분들을 환영하기

치료자: 다시는 치료받으러 가지 않겠다고 맹세한 부분이 정말 세레나 씨에게 있군요. 그래서 그런가 봐요. 더 들어봐도 될까요?

  * 양극화된 부분들(여기에 동의하지 않을 수도 있는 부분들)에게 참여를 요청하는 것은 고의로 치료를 방해할 수도 있는 그들의 충동을 미연에 방지하며 또한 중요한 정보를 제공해 준다.

세레나: 네. 아마도요.

치료자: 여기 있고 싶어 하지 않는 부분에 대해 세레나 씨는 어떻게 느끼시나요?

세레나: 약간 호기심이 생겨요.

  * 이렇게 마음이 좀 더 열린 태도는 우리가 계속 진행할 수 있다는 신호이다.

목표 부분을 기억하기

치료자: 좋습니다. 우선 울음을 멈출 수 없다고 하는 부분에게 우리가 돌아올 거라고 말해 줍시다.

  * 가족치료에서처럼, 우리는 모든 부분을 정중하고 포용적으로 대한다.

세레나: 우는 부분이 여기 있고 싶어 하지 않는 부분과 연결되어 있는 것 같은데, 왜 그런지는 모르겠어요.

치료자: 왜 그런지 알고 싶으세요?

  * 그녀가 여전히 호기심 상태에서 이러한 정보를 들을 수 있는지 확인하기.

세레나: 네.

　　* 세레나는 큰 두려움이나 비판 없이 자신의 내적 경험에 대해 호기심을 가지고 관찰하는 상태로 성공적으로 옮겨 갔다.

연결 만들기

치료자: 여기 있고 싶어 하지 않는 부분에게 좀 더 말해 달라고 요청하세요.

세레나: 제가 압도당할까 봐 걱정해요.

　　* 세레나의 보호 부분은 울고 있는 부분에게 관심을 가지게 되면 울고 있는 부분이 장악하도록 부추겨서 그녀를 부정적인 감정에 압도되게 할까 봐 걱정한다.

치료자: 이런 두려움을 이해하시나요?

　　* 세레나가 괴로워하고 있는 우는 부분의 이야기를 더 들어 줄 만큼 충분한 호기심 상태에 있는지 다시 확인하기

세레나: 다섯 살 때 차량 충돌이 있었어요. 어머니가 돌아가셨어요. 그런데 어머니가 기억나지 않아요. 그래서 그 일에 대해 한 번도 생각해 보지 않았어요.

　　* 세레나는 이제 자신의 부분들에 대해 해리되거나 압도되기보다 알아차리기 시작했다. 이 다섯 살 부분은 어머니의 죽음 이후 추방되었다. 보호자들(다른 부분들)은 이 다섯 살 부분이 그녀의 의식 안으로 들어오지 못하게 지키고 있다.

치료자: 우리는 그 다섯 살 아이가 당신을 장악하지 않도록 도울 수 있어요.

　　* 치료자는 다섯 살 아이를 분리시켜서 그녀가 안전하게 도움을 받을 수 있도록 하겠다며 세레나의 보호자들을 안심시키기 시작한다.

∞

이러한 첫 번째 만남 이후, 치료자는 다음과 같은 사실을 알게 되었다. 세레나에게는 정신적 외상을 입은 부분이 있다. 차 사고로 인한 어머니의 죽음이라는 예상치 못한 폭력으로 다섯 살 배기의 삶은 뒤엎어져 버렸다. 보호 부분들이 이 아이를 마음 안으로 들어오지 못하게 하고 있다. 그리고 몇 년 전에 세레나의 치료를 그만두게 했던 부분은, 지금 다시 치료로 돌아오는 것에 대해 안전하지 않다고 느끼고 있다. 왜냐하면 고통을 겪고 있는 다섯 살 아이가 세레나를 정서적으로 압도할 위험이 있기 때문이다.

치료자가 여기까지 알게 되었어도, 여전히 많은 내용이 미지의 상태이다. 세레나의 내적·외적 체계는 어머니의 죽음을 어떻게 받아들이고 있는 것일까? 세레나에게 책임을 지우는 부분들이 있거나 외부의 실제 사람들이 있을 수도 있다. 신, 벌, 안전, 운명에 대한 신념들이 있을 수 있다. 살아 있는 자의 죄책감—예를 들어, 자신의 어머니보다 행복감을 더 많이 느끼거나 더 오래 사는 건

하나의 배신이 되리라는 신념—을 느끼는 부분들이 있을 수 있다. 또는 분리 죄책감—예를 들어, 자라서 아버지를 떠나는 것은 아버지에게 상처를 주는 거라는 신념—을 느끼는 부분들이 있을 수도 있다. 이러한 초기 평가는 단지 시작일 뿐이다. 알아봐야 할 것들이 많이 있고, 치료 그 자체가 알아 가는 과정이 될 것이다.

IFS의 목표

이 치료의 각 단계에는 목표가 있다. 모든 지점에서 치료자는 내담자가 부분을 도울 수 있게 한다. 첫째, 내담자는 자신의 보호 부분들이 분화하도록 돕는다. 둘째, 내담자는 자신의 보호 부분들과 친해지면서 상처 입은 부분들을 돕는 것에 대한 허락을 얻는다. 셋째, 내담자는 상처 입은 부분들과 긍정적인 관계를 형성하고, 그들의 경험을 목격하면서, 그들이 극단적이고 파괴적인 감정 상태들과 신념들을 내려놓음으로써 치유될 수 있도록 돕는다. 이러한 획기적인 성취는 보호 부분들을 해방시키고, 치유된 부분들이 재통합할 수 있는 공간을 만들고, 참나를 내면 체계의 리더로 복귀시킨다.

보호 부분들의 두 가지 범주: 사전 예방적, 사후 대응적

사전 예방적인 부분들

모든 보호 부분들은 상처 입은 부분들이 가진 강력한 부정적 감정들과 신념들을 추방하기 위해 노력한다. 이것은 더 큰 손상을 막아서 우리를 안전하게 지키려는 목적에서다. 그런데 정서적인 고통에 대한 반응이 사전 예방적인지 사후 대응적인지에 따라 보호자들이 구분된다.

우리는 사전 예방적인 부분들을 '관리자'라 부르는데, 그들은 정서적인 고통을 의식 바깥에 묶어 두는 방식으로 우리의 삶을 관리하려고 노력하기 때문이다. 그들은 우리가 더 나아지고, 열심히 일하고, 생산적이 되어서 사회적으로 수용될 수 있도록 동기를 부여하는 데 집중한다. 하지만 극단적인 경우 이러한 목적들은 완벽주의, 지적하기, 편파적인 돌봄, 외모 강박증, 개인적 손실을 크게 감수하면서까지 갈등 회피하기, 또는 타인을 통제하거나 기쁘게 하려고 노력하기와 같은 책략들로 변질될 수 있다.

사후 대응적인 부분들

우리는 사후 대응적인 부분들을 '소방관'이라고 부르는데, 그들은 결과에는 신경 쓰지 않으면서 가능한 한 빨리 정서적 고통으로부터 주의를 돌려버리거나 고통을 멈추게 하려고 하기 때문이다. 이러한 보호자들은 마치 우리가 끔찍한 부작용이 있는 비상약을 보듯이 자신의 행위를 바라본다. 예를 들면, 폭식하기, 토하기, 중독, 멍해지기, 해리시키기 및 자해하기, 자살과 관련된 생각 또는 행동이다.

사전 예방적 보호자들에 대한 주의

일반적으로 사전 예방적 보호자들(관리자들)이 관리를 하는 것처럼 보이지만, 정서적 고통을 방지하기 위해 활용되는 행위들은 사전 예방적이다. 예를 들어, 강렬한 부정적 감정으로부터 주의를 분산시키는 일반적 반응행동인 중독과 해리가 우리로 하여금 전혀 감정을 느낄 수 없게 하는 데 이용될 수 있다는 사실을 생각해 보라. 어떤 사람이 폭음에서 일상의 음주로 바뀌었다면, 그의 사후 대응적 행동은 음주가 억압하는 감정들을 막아 내는 사전 예방적 역할로서 채택된 것이다. 만일 어떤 사람이 특정 감정에 대한 반응으로 해리시키던 것에서 항상 무감각하고 초연해지는 것으로 옮겨 갔다면, 사후 대응적 행동도 마찬가지로 사전 예방적 역할로서 채택된 것이다. 극단적인 보호자들은 정서적 압도감이 어렴풋이 위험으로 다가오는 것을 느끼면 이런 식의 사전 예방적 행동을 할 가능성이 높다. IFS에서는 극단적인 보호자들을 통제하거나 관리하려고 하기보다는 근본적인 문제해결을 시도한다.

추방당한 취약한 부분들

아이들이 수치심을 느낄 때(흔히 대인관계 안에서 느끼지만 꼭 그렇지만은 않다), 취약한 어린 부분들은 자칫 '난 사랑스럽지 않아.' '나는 무가치한 존재야.'와 같은 압도적으로 위협적인 신념들을 발달시키기 쉽다. 마찬가지로 그 경험이 무섭고 인내할 수 있는 능력 범위를 넘어서 버리면 우리의 가장 취약한 부분들은 중요한 걸 빼앗겼다고 느낀다. 그러면 보호자들은 그들의 독성을 지닌 신념을 의식 밖에 두기 위해 개입하게 되고, 그 결과 취약한 부분들은 결국 영원히 홀로 되고, 잊히게 되며, 종종 과거에 갇혀 있게 된다. 그들은 도움받기를 열망한다. 하지만 그들이 부정적인 감정, 신념, 감각, 기억을 가지고 의식 속으로 밀고 들어오면 보호자들은 또다시 그들을 위험 요소로 경험한다. 반면에 IFS 치료자는 추방된 부분들이 그들의 상처가 아님을 안다. 내담자들은 비참함을 느끼고 있는 추방자들과 함께 치료를 받으러 오지만,

우리는 이러한 부분들이 트라우마에서 파생된 신념과 같은 짐들을 내려놓고 나면 호기심, 창
조성, 쾌활함이라는 그들 본래의 상태로 되돌아간다는 사실을 알고 있다. 그들의 생명력과 비
자의식적인unself-conscious 기쁨의 능력은 마샤 리네한Marsha Linehan이 "살 만한 가치가 있는 인
생"(1993)이라고 부르는 것에 독특한 기여를 한다.

참나의 정의

　참나Self는 정신적 균형의 핵심, 의식의 자리, 그리고 사랑의 내적 자원이다. 모든 이에게는
참나가 있다. 빛이 입자이자 파동인 것처럼, 참나는 어떤 감정 상태(호기심, 평온함, 용기, 연민,
사랑)의 에너지 또는 개인적인 현존의 감각으로 나타날 수 있다(Schwartz, 1995). 하지만 참나
는 어쩌면 아주 단순하게 '부분이 아닌 바로 당신the you who is not a part'(이 표현은 이 책 전반에서
사용될 것이다)으로 내담자들에게 소개된다. 부분들이 분리되어 참나와 관계를 맺게 되면 사
랑받는다고 느끼게 되므로—그리고 사랑은 수용받을 수 없는 존재라는 느낌에 지속적인 반박
을 제공하기에—IFS의 가장 중요한 목표는 참나와 접속하는 것이다. 존재의 한 방식으로서,
참나 에너지는 우리와 우리 내담자들이 내적 경험에 대해 평온하고 호기심 있고, 개방적인 자
세를 취하도록 해 준다. 어떤 사람들에게는 이러한 실습이 영적으로 작용할 것이고, 또 다른
이에게는 그냥 단순하게 효과를 낼 것이다.

참나에 접속하기

　극단적으로 보호적인 부분들이 우리가 참나에 접속하는 것을 차단한다 해도, 참나는 배양
하거나 개발할 필요가 없다. 비록 다른 용어를 사용하지만, 명상 수행들, 대부분의 영적 전통
들, 그리고 몇몇 심리치료모델들에서도 참나와 유사한 핵심 지혜core wisdom와 균형balance의 개
념이 중요한 역할을 한다. IFS에서 우리의 목표는 치료자와 내담자 모두 파동과 같은 참나 에
너지에 접속해서 입자로서의 그 참나와 관계하는 것이다. 치료자로서 우리의 임무는 우리의
사후 대응적인 부분들의 욕구에 대해 마음챙김mindful하면서 그들과 분화되어 우리의 내담자
와 온전히 현존하는 것이다.

심각한 트라우마와 참나

심각한 트라우마의 경우에, 우리는 '체계의 참나Self of the system'라는 말로, 말하자면 치료자와 내담자가 하나의 체계가 되어, 치료자의 참나를 통해서 참나 에너지에 접속한다. 예를 들어, 해리성 정체감 장애Dissociative Identity Disorder(DID)를 겪는 내담자들은 수개월 또는 여러 해 동안 참나에 거의 또는 전혀 접속하지 못했을 수도 있기 때문에 치료자가 치료체계의 참나 역할을 해야 한다. 그러다가 내적 애착이 형성되고 내면의 관계가 복구되면, 내담자는 자신의 참나에 더 많이 접속하게 되고 치료자는 점차적으로 보다 더 지지적인 역할로 옮겨 갈 수 있다. 내담자가 참나에 충분히 접속하게 되면서 바통이 치료자에게서 내담자에게로 넘어갈 때, 보호자들—대개 나이가 어리고 정신적 외상을 입은 사람들—에게는 치료자가 사라지지 않을 것이라는 확신이 필요할 수도 있다.

추방자가 참나를 만나서 화를 낼 때

흔히 트라우마에서, 보호자들이 내담자의 참나가 추방당한 취약한 부분에 처음으로 접속하는 것을 허락할 때, 추방자들은 보통 불신과 분노로 반응한다.

- "그동안 너는 어디 있었는데?"
- "네가 존재하고 있다면 내가 왜 그 모든 걸 겪었어야 하는 건데?"

이러한 상호작용이 회기 끝에 일어났을 때는, 다음 회기에서 동일한 부분과 동일한 주제로 돌아가서 시작한다.

- 이 부분이 내담자의 참나에게 혼자인 느낌이 어떠했는지 더 말하고 싶어 하는가?
  - "버려진 느낌이 어땠었는데?"
  - "이러한 재회가 더 일찍 일어났더라면 어땠을까?"

버려졌다고 느끼는 부분의 정당한 불평에 대해, 우리는 부분과 참나 사이의 관계를 회복할 시간을 갖는다.

- "사과할게. 네가 홀로 남겨진 것은 옳지 않았어. 좀 더 빨리 여기 오지 못해서 미안해. 그

동안 어땠니?"
- "난 지금 너를 위해 여기에 있어. 너한테 필요한 게 뭘까?"

· IFS의 가설 ·

1. 모든 부분은 선한 의도를 가지고 있다. 심지어 잘못된 행동을 하는 부분들일지라도. 따라서 우리는 완전한 초대로 치료를 시작한다—부분들은 모두 환영받는다.
2. 상처에 대한 우리의 정신적 반응은 예측 가능하다. 취약한 부분들이 상처를 받을 때, 다른 부분들이 보호자 역할을 맡는다.
3. 보호자 부분들은 예측 가능한 방식으로 행동하는데. 그중 일부는 병리적으로 보인다.
4. 불안정하고 분열된 내면체계가 내담자의 참나와 관계를 맺게 되면 재통합되고 균형을 이룰 수 있다.
5. 참나는 창조되거나 배양되는 것이 아니며, 파괴될 수도 없다. 태어날 때부터 타고난 것이며 현존하는 것이다.
6. 모든 사람은 참나를 지니고 있으며, 누구나 치유를 위해 참나에 접속할 수 있다.

제2장

/

평가와 진단

평가: 부분 vs. 병리

　정신건강 평가는 일반적으로 전문가 위원회에서 선택한 증상 목록―양극성 장애, 조현병, 조현정동장애, 우울증, PTSD, 불안, 강박장애OCD, 섭식장애, 중독 그리고 다중 '성격[인격]'장애들―에 따라 지정되는 병리진단 중심으로 구성된다(American Psychiatric Association, 2013). 정신psyche에 대한 IFS의 이해는 내담자의 기능과 잠재력에 대한 우리의 평가를 다른 방향으로 향하게 한다. 마음은 여러 부분을 가지고 있으므로 우리는 복수의 마음 활동들에 대해 평가한다. 치료 초기에 우리는 내담자의 한 부분이 제시하는 불평을 듣고 나서, 우리는 관련된 다른 부분들과 대화할 수 있도록 허락을 구하고, 그들에게 탈혼합(분리, 분화)을 요청하여, 내담자의 참나를 위한 공간을 마련한다. 그렇게 해서 우리는 (만일 그들이 보호자라면) 어떻게 그들이 내담자에게 기여하는지, 또는 치료 후반에 (만일 그들이 추방자라면) 그들이 어떻게 짐을 짊어지게 되었고 그들에게 필요한 것이 무엇인지 탐색할 수 있다.

우선, 당신의 내담자는 안전한가?

우리는 무언가를 행하기에 앞서, 내담자가 현재 안전한지를 알아야 한다. 만일 그렇지 않을 경우, 먼저 안전에 주의를 기울인다. 치료를 원하는 정신적 외상을 입은 개인들은 여러 가지 이유로 안전을 위한 경제적·사회적 자원이 부족할 수 있다. 신체적 안전(음식, 거주지, 폭력으로부터의 안전)은 당연히 내면 탐색을 위한 발판을 제공한다. 그렇다고 해서 내담자의 영양이 부실하고, 거주지도 없고, 의료 서비스를 받을 수 없는 상태에 있다거나 위험한 관계에 처해 있을 경우에, 부분들에 대한 작업을 할 수 없다는 말은 아니다.

　하지만 이런 상황에서는, 부분들에 주목하여 부분들을 도우려는 의도를 세우면서 내면체계와 라포를 형성하는 동시에 외부적 안전을 구축하기 위한 적절한 자원(가정폭력 전문가 지식, 안전한 집, 식량 및 의료 서비스 등)을 얻기 위해서도 노력한다.

조시: 말다툼을 시작했는데, 그가 제 머리채를 잡고 침실 이리저리로 끌고 다녔어요.
치료자: 전에도 그런 일이 있었나요?
조시: 한두 번쯤요.

치료자: 이런 일이 어떻게 느껴지나요?

조시: 제가 분열된 것 같아요. 심장이 가슴에서 튀어나올 것 같고, 그가 어디까지 갈지 걱정이 돼요. 하지만 동시에 화가 치밀어서 그에게 계속해서 소리 지르고 싶어요.

치료자: 뭐라고 소리치나요?

조시: "남자답게 굴어." 그리고 그를 격분시키기에 충분한 다른 말들요. 그리고 그를 치는 거죠. 그게 현명하지 않다는 건 알지만 멈춰지지가 않아요.

치료자: 알코올이 원인인가요?

조시: 아마도요. 우리가 술을 마시지 않았다면 그런 일은 절대로 일어나지 않았을 거예요.

치료자: 알았습니다. 몇 가지 제안을 해도 될까요?

조시: 네, 부탁드려요.

치료자: 지금 당장 집에 갔을 때, 당신의 안전에 대해 얘기해 봅시다. 먼저, 이 상황은 끝난 건가요? 폭력적으로 된 이후에, 두 분 사이에서 보통 어떤 일이 일어나는지부터 얘기해 보죠. 당신의 안전을 위한 계획을 세워 봅시다. 그런 다음 가정폭력 핫라인 번호를 드려서 당신이 집에 가기 전에 계획을 실행해 볼 수 있도록 할 겁니다. 그리고 나서—이 일을 하는 것이 다음 주에 필요할 수 있는데요—이 상황에 개입된 당신의 모든 부분들을 체크해 주길 바랍니다. 그러면 우리는 어느 부분이 무엇을 느끼는지, 어느 부분이 어떤 생각을 하는지 알 수 있습니다. 어떠신가요?

조시: 좋아요. 마음이 좀 편해지는 것이 느껴지네요.

∞

이런 대화를 나눈 후에 치료자와 내담자는 다음과 같은 지침을 정할 수 있다. 1) 추가적인 폭력 피하기, 2) 가능한 한 단계적으로 진정시키기de-escalating, 3) 가정폭력 보호소와 연결하기와 같은 다른 지원들 마련하기. 흥분한 순간에 단계적으로 완화하는 것은 내담자의 능력 범위를 넘어서는 일일 수도 있다. 그녀의 참나가 좀 더 주도적으로 되기 전에는 말이다. 어떤 경우에는 그녀의 배우자가 단계적으로 완화하려는 의사가 전혀 없거나 그럴 능력이 없음을 보여 줄 수 있다. 우리의 장기적인 목표는 그녀의 보호자들을 분리시켜서, 그녀의 참나가 내면뿐만 아니라 외부적으로도 주도권을 잡을 수 있게 하는 것이지만, 이것은 시간이 걸리는 일이다. 안전에 대한 실질적인 문제들을 해결한 후, 우리는 내담자가 자신의 내면체계와 포용적인 관계를 맺도록 돕는다. 폭력적인 배우자와 애착되어 있는 부분들, 폭력에 대해 분노를 느끼는 부분들, 그리고 장기적·단기적으로 무엇을 해야 할지에 대해 다양한 의견을 가진 부분들을 포함해서 어떤 부분에 대해서도 판단하거나 추방하지 않도록 말이다.

IFS의 초기 평가 실행하기

치료 초기에 내담자를 파악하기 전에 우리는 내담자의 내적 경험에 대해 호기심을 가지고 참나 에너지에 대한 내담자의 접속을 체크한다. 여유가 얼마나 있나? 어떤 속도로 움직이고 있나? 얼마나 무겁게 느껴지나? 내면은 어느 정도 밝거나 어두운가? 얼마나 침착하거나 불안해하는가? 완전히 생물학적으로 지배되는 것이 아니라면, 이러한 존재 상태들은 내면관계들inner relationships에 비하여 이차적이다. 마음에 대한 중다 모형plural model은 내담자가 가지고 있는 내적 관계들의 중요한 특질에 대해 우리가 호기심을 갖도록 안내한다. 그는 자신을 어떻게 대할까? 그가 자신에게 친절할 수 있을까? 아니면 자기비난으로 시달리거나 끊임없이 도망칠까? 만일 그렇다면, 왜 그럴까? 자기비난이 어떻게 방어적인가? 회피는 그의 체계 안에서 어떤 기능을 하나? 일단 우리가 그를 강한 영향을 끼치는 경험의 맥락에서 볼 수 있을 만큼 충분히 잘 알게 되면, 우리는 내담자의 행동 증상에 대해 그럴 만한 이유가 있음을 믿게 된다.

IFS에서 평가는 결코 끝나지 않는다

IFS에서 가장 중요한 목표는 우리의 정서적 · 지적 나침반인 참나에 대한 접속을 증진시키는 것이기 때문에 내담자와 치료자 모두에게서 참나 에너지 수준을 평가하는 것으로 치료를 시작하며, 이러한 평가는 치료 전반에 걸쳐 계속된다. 치료자에게 있어서 참나 에너지를 평가한다는 것은 무엇보다도 내담자의 부분들에 대한 반응으로 우리의 부분들이 활성화될 때, 그것을 알아차리는 것을 의미한다. 두 번째는 촉발된 우리의 부분들과 작업하면서 그 부분들이 물러서 있도록 권장하는 것이다. 그래서 그들이 치료에 방해가 되지 않게 한다.

과거에 대한 정보가 필요한가

초기 평가에서 우리는 무슨 이야기든 내담자가 말하는 문제와 관련된 것을 경청하면서, 그 이야기에 호기심을 갖는다. 그리고 치료를 하는 동안 어느 지점에서, 우리는 그녀의 관찰이 위험과 안전에 대하여 과거에 배운 것들로 거슬러 올라갈 것이라고 가정한다. 비록 이러한 추적이 내담자의 프로세스에 중요하다고 해서 치료 초기 단계에서 모든 이야기를 다 듣는 것은 아니다. 게다가 우리의 일을 하는 데 이러한 정보가 필요하지도 않다. 내담자가 보고하는 지난 사건들과 상관없이 우리는 내담자를 도울 수 있다.

의료모델 vs. 마음모델

트라우마 생존자들은 외상 후 스트레스 장애PTSD와 해리성 정체감 장애DID 외에도 종종 우울증, 불안, 경계선 성격 장애, 또는 알코올, 약물, 운동 또는 음식에 대한 중독을 포함한 다른 많은 진단을 받는다(Herman, 1997; Herman & van der Kolk, 1989). 이러한 진단은 『정신질환의 진단 및 통계 편람(DSM)』(가장 최신 버전은 DSM-5®)에 수록되어 있다. 미국정신의학회APA는 정신의학치료에 과학적 근거를 두기 위하여 DSM을 개발하였다. DSM 진단이 미국정신의학회에서 선정한 전문위원회가 주기적으로 선택한 증상 목록을 기반으로 하고 있다는 사실을 감안하면, 그들의 이러한 노력에 논란의 여지가 있긴 하다(Greenberg, 2013; Fisher, 2014). 그럼에도 불구하고 DSM의 용어가 계속 널리 사용되고 있기 때문에, 이러한 의료모델 접근은 정신건강 분야에 계속해서 큰 영향을 미치고 있다.

트라우마에 대한 다른 접근

IFS에서는 DSM 진단에 대해 단순히 활성화된 부분들의 행동을 묘사하는 다양한 방식으로 본다. 우리는 증상 행동들을 병리화하기보다는, 문제를 해결하기 위한 자연스러운 노력들로 본다. 즉, 대처하기, 안전하게 머물기, 생존하기 위한 노력들로 본다. 트라우마 진단에는 외상 후 스트레스 장애PTSD, 해리성 정체감 장애DID(van der Kolk, 2011), DSM에 등재되어 있는 복합 트라우마 또는 발달 트라우마 장애(D'Andrea et al., 2012; van der Kolk, 2005; van der Kolk, 2014)가 포함되며, 이는 국제 트라우마 스트레스 연구학회International Society for Traumatic Stress Studies: ISTSS를 포함해서 광범위하게 사용되고 있다.

다음은 앞에서 나열한 구체적인 트라우마 관련 진단을 받기 전에(또는 받는 대신에, 또는 추가로) 보통 트라우마를 가진 개인에게 종종 내려지는 몇몇 진단들에 대한 IFS의 관점이다.

- 경계선 성격장애[경계성 인격장애]BPD: 이 진단은 추방자들(절망적인 어린 부분들, 내적으로 기피되고, 구출과 구원을 갈망하는)과 보호자들, 가장 악명 높게는(비록 배타적이지는 않지만) 친밀함을 위험하게 여겨 금지하는 부분들, 그리고 죽는 것만이 정서적 고통을 끝낼 수 있는 유일한 길이라고 믿는 부분들 간의 연이은 혼합에 대한 묘사를 제공한다.
- 자기애성 성격[인격]장애NPD: 이 진단은 수치심—대부분은 부적절감에 대한 내면의 수치

심―이라는 화살에 대응하는 방패로서 금박을 입힌 자화상을 붙잡고 열심히 일하는 보호자의 노력을 보여 준다.

• 우울: 기분장애는 유전에 의한 것일 수 있다. 그렇다고 모든 트라우마 이후의 우울이 유전성 정서장애에 근거하는 것은 아니다. 우울은 (몹시 고통스러운 경우) 신체적 정서적 경험을 마비시키는 방식으로 몸의 정서 신호를 억압하기 때문에, 우울을 증폭시키는 보호자가 일반적으로 억제하는 것을 목표로 하는 동안, 우울하다고 느끼는 추방자는 억제되고 있는 상태에 있게 된다.

  – 내담자의 상황을 평가하기 위해 우리는 질문한다. "이것이 우울을 느끼는 당신의 부분(추방자)인가요, 아니면 우울을 이용하거나 증폭시키는 보호 부분인가요?"

    * 어떤 부분을 만나든 우리가 부분의 작용을 알기 위한 유일한 길은 질문하기이다.

• 불안: 기질 연구에서 알 수 있듯이(Kagan, 2010), 유전자가 우리를 불안에 취약하게 만들수 있다. 그리고 우울증과 마찬가지로 보호자들은 영향력을 행사하기 위해서 이 레버를 누를 수 있다.

  – "이 부분은 불안을 느끼는 부분(추방자)인가요, 아니면 어떤 이유로 불안을 증폭하는 부분(보호자)인가요?" 많은 보호 부분들은 두려움에 뿌리를 두고, 어느 정도의 불안을 안고 다닌다. 우리는 답을 얻기 위해 다시 한번 질문한다.

• 강박장애OCD: 강박장애 행동들은 일반적으로 불안을 다루기 위해서 실행된다. 트라우마의 경우, 강박장애 집착이나 반복행동은 정서적 고통을 분산시키는 역할을 한다.

  – 우울 및 불안에서와 마찬가지로, 어떤 행동이 어떤 역할을 하는지 또는 어떤 이야기를 할 수 있는지 알아내기 위해 우리는 반드시 질문을 해야 한다.

• 반사회성 성격[인격]장애sociopathy: 반사회성이 뇌손상의 산물이 아닌 한, 그것은 보호자 부분이다(Schwartz, 2016). 반사회성 보호자들은 그들의 광범위한 초점과 함께 내면의 취약성을 억압하려는 의도에서 편집증적이고, 극단적이며, 공감과 연민을 나약함으로 여겨 거부한다. 그들은 자신들이 보기에 참을 수 없을 정도로 무기력하고 유약해 보이는 추방자들을 보호하기는 하지만, 그들 생각에 나약하거나 돌봐 준다고 여겨지는 다른 보호자 부분들과는 양극화를 보인다. 이 주제에 대해 슈워츠는 다음과 같이 썼다.

  – "가해자 부분이 언제나 철저하게 혼합되어 있을 수 있다. 이 경우 개인은 반사회성 성격장애에 대한 DSM-5 진단 기준을 충족시킬 수 있다. 가해자 부분이 이런 방식으로 항상 혼합된 채로 있고 내담자가 다른 부분들에 접속하지 못하고 있을 때, 우리는 그 부분을 소방관이 아닌 관리자로 간주한다."(2016, p. 113)

중독 장애

- 약물 또는 알코올: 정서적 고통을 피하기 위해서 약물이나 알코올을 사용하는 사후 대응적인 보호자는, 어떤 느낌이든 전적으로 그것을 회피하기 위해 약물이나 알코올을 사용하는 사전 예방적인 보호자로 정착할 수 있다. 중독 부분은 홀로 있는 배우가 아니라 내면의 역동 안에 존재하는 배우이다.
  - 사이크스(Sykes, 2016)는 IFS의 조망을 다음과 같이 밝힌다. "나는 중독을 행동화하는 부분의 한 행동으로 정의하기보다는 균형 잡힌 내면체계를 유지하기 위해 용감하게 고군분투하는 두 개의 보호 부분 팀 간의 권력 투쟁으로 특징지어지는 체제적이고 순환적인 과정으로 정의한다. 한 팀은 비난적 · 판단적이며, 다른 팀은 충동적 · 강박적이다. 이들의 만성적이고 악순환적인 투쟁은⋯ 정서적 고통을 막으려는 것이다."(p. 47)
- 섭식장애: 섭식장애는 한편으로는 과잉으로, 또 다른 한편으로는 금지로 나타나는 보호자의 양극성을 묘사한다.
  - 식욕 이상 항진증bulimia: 양극성의 두 측면을 보여 준다.
  - 신경성 식욕부진증[거식증]anorexia: 억제가 상황을 주도하는 것을 보여 준다.
  - 폭식binge eating: 탈억제가 상황을 주도하는 것을 보여 준다.
  - 과도한 운동over-exercising: 억제가 상황을 주도하는 것을 보여 준다.

    카탄자로(Catanzaro, 2016)의 섭식장애 현상에 대한 IFS 관점을 다음과 같이 묘사한다. "섭식장애 보호자들은 언제나 몸에 대해 제약과 통제를 요구하는 부분들, 그리고 이러한 통제를 거부하면서 보다 적은 제약을 요구하는 부분들로 구성된 두 개의 진영으로 양극화한다. 이들의 줄다리기는 내담자로 하여금 추방된 부분들의 강렬한 부정적 감정 및 기억들을 알아차리지 못하게 한다. 개인의 특정한 섭식장애 진단은 주어진 시간에 어느 부분들이 지배하는가에 달려 있는데, 비록 내담자의 신체 외모나 자기보고만으로는 명백하지 않더라도 전반적인 증상의 그림은 언제나 제약과 제약에 대한 반란 사이의 변증법을 수반한다."(p. 51)

초기 단계들에서 내용보다 과정 우선시하기

나중에 '짐 내려놓기 과정'으로 묘사되는 마지막 단계들 중 하나에 도달할 때까지 우리는 내용보다 과정을 우선시한다. 우리는 내면의 관계, 협의 사항, 신념들을 알고 싶어 한다. 이것은 치료 초기에 내용(내담자의 증상)에 대해 결론을 얻으려는 접근과는 매우 다르다. 다음 세 가지

시나리오는 진단에 관해 말하고 싶어 하는 내담자에 대한 응답으로 IFS 회기가 전개되는 방법을 보여 준다.

진단에 대한 내담자의 관점

시나리오 #1

사이먼: 제게 조현병이 있는지 궁금합니다.

치료자: 제가 이해한 대로 말해 볼게요. 제가 당신이 조현병이 있다고 생각하는지 아닌지를 궁금해하는 부분이 사이먼 씨에게 있다는 거지요?

사이먼: 네. 그 부분이 선생님께서 어떻게 생각하시는지 궁금해합니다.

치료자: 이 대화에 참여하고 싶어 하는 다른 부분들이 있나요?

사이먼: 물어볼게요.

치료자: 다른 부분들을 알아차렸나요?

사이먼: 이 모든 걸 듣고 싶어 하지 않는 부분이 하나 있네요. 제가 이 얘기를 꺼냈다고 화가 나 있어요. 음, 제가 정신적으로 아픈 것 같다는 얘기를 계속해서 듣고 있는데요, 이것이 저로 하여금 술을 마시고 싶게 만들어요.

시나리오 #2

치료자: 제가 이해한 대로 말해 볼게요. 제가 당신에게 조현병이 있다고 생각하는지 아닌지를 궁금해하는 부분이 사이먼 씨에게 있다는 거지요?

사이먼: 꼭 그런 건 아니고요. 선생님이 제게 조현병이 있다고 말할 수 있을 만큼 충분한 근거가 있는지 그 부분이 알고 싶어 합니다.

치료자: 좀 더 말해 줄 수 있을까요?

　　* 다음에 뭘 해야 할지 확실치 않을 때 언제나 좋은 선택임

사이먼: 제게 진단명이 주어지면 호전될 수 있다고 그 부분이 생각하네요.

치료자: 동의하지 않는 부분들이 있나요?

시나리오 #3

치료자: 제가 이해한 대로 말해 볼게요. 제가 당신에게 조현병이 있다고 생각하는지 아닌지를 궁

금해하는 부분이 사이먼 씨에게 있다는 거죠?

사이먼: 선생님을 신뢰해야 할지 아닐지 궁금해하는 부분이 있네요.

치료자: 제가 신뢰할 만한지 알고 싶어 하는 부분이 사이먼 씨에게 있는 거군요?

사이먼: 네.

치료자: 그 부분은 당신의 진단에 대해 어떤 견해를 가지고 있나요?

사이먼: 네.

치료자: 그 부분이 기꺼이 나누고 싶어 하나요?

사이먼: 선생님께서 제게 조현병이 있다고 말씀하시면, 이 부분은 선생님을 신뢰하지 않을 겁니다.

∞

이 세 가지 시나리오가 예시하듯이, 우리가 진단에 대한 내담자의 견해에 호기심을 가질 때, 내담자의 내면의 논의들에 대해 알 수 있게 되고, 과열된 의견충돌(우리가 '양극성'이라 부르는 것)의 어느 한쪽에 귀속되는 것을 피할 수 있게 된다.

IFS에서의 평가와 진단

IFS에서 우리는 보호 부분들에 대해 소개하면서 내담자의 증상들을 솔직하게 환영하면서, 상처 입은 부분들이 추방되었다는 것을 항상 자각하고 있다. 평가하고 진단하기 위해서 우리는 내면체계의 관계와 동기를 자세히 관찰한다. 우리는 내담자의 증상과 관계없이 보호자들이 정서적으로 취약한 부분들의 존재를 숨기고 그 부분들이 또다시 상처받지 않도록 보호하는 것을 목적으로 하는 예측 가능한 정신구조가 모든 내담자들에게 공통적으로 존재한다는 사실을 분명히 알고 있다. 과거와 미래의 상처에 초점을 둔 보호에도 불구하고, 결국 참나는 오래된 상처들을 치유하고 위험한 세상에서 적극적으로 앞장을 선다.

비록 우리가 다른 치료사와 소통하고 보험료를 청구하기 위해서, 내담자에 대한 우리의 부분들에 기반한 관찰을 DSM 진단으로 변환할 수는 있지만, IFS에서는 내담자가 제시하는 문제들을 DSM의 병리학적 용어로 공식화하지 않는다. 그보다는 내적 관계를 탐색하고, 동기에 대해 질문하며, 보호자의 두려움에 대해 묻는다. 그래서 우리는 내담자의 특정한 내면체계가 우리의 기본적 정신모형과 어떻게 연결되어 있는지를 발견할 수 있다(부분들과 참나, 그리고 보호자 및 추방자와 관련되는 외상 후 대처로 구성되는 다중성).

심지어 치료를 받으러 오는 이유와 내담자가 제시하는 문제들을 평가할 때, 우리는 내담자의 보호 부분들이 긍정적 의도를 가지고 있다는 사실을 강조하고, 부분들을 내담자의 참나에게 소개함으로써 내담자의 내면체계와 관계를 형성하기 시작한다. 또한 적절한 시점에 우리의 목표에 대한 로드맵을 내담자에게 제공한다.

- 당신의 그 어떤 부분도 추방되거나 희생될 필요가 없다.
- 열심히 일하는 당신의 내면체계가 이러한 행동들을 통해서 해결하려고 하는 문제들에 대해 당신은 새로운 해법을 제공할 기회를 갖게 될 것이다.
- 당신의 부분들이 이러한 제안을 받아들이기 시작하면, 그들의 정서적 고통은 결국 치유될 것이고 보다 자유로움을 느낄 것이다.

심리학과 생물학

우리는 내담자 체계에서의 관계와 보호 활동을 평가하는 반면, 다른 한편으로는 영향력을 행사하기 위해 생물학적 취약성(기질적·유전적·신체적)을 이용하는 보호 부분들로부터 증상 행동이 비롯될 수도 있다는 것을 가정한다. 대부분의 정신건강 문제는 심리적 요소와 생물학적 요소를 모두 가지고 있다. IFS에서 우리는 동기화된 부분들에 의해 생성된 문제 부분과 생물학에 뿌리를 둔 부분을 알아내는 데 관심을 두고 있다. 우리는 부분들을 인터뷰해야만 이것을 알 수 있다. 추정과 일반화는 오류가 있을 수 있기 때문에(그리고 종종 그렇다) 우리는 질문에 의존한다.

예를 들어, 한 개인이 내면 비난자에 의해 무자비하게 모욕을 당한 데 대한 반응으로 우울을 느끼는 부분(추방자)을 가지고 있을 수 있고, 또 다른 개인은 우울증상을 증폭시켜서 집에 머물게 함으로써 위험을 피하게 하는 부분(보호자)을 가지고 있을 수 있다. 한편, 또 다른 개인의 우울은 주로 생물학적인 것일 수도 있다. 누가 누구에게 무엇을 어떤 이유로 하고 있는지 알아내기 위해서 우리는 질문해야 한다. 다음의 예시에서, 한 내담자는 의학적 원인을 알 수 없는 가슴 통증이 오랫동안 지속되고 있다고 보고한다.

신체화 증상 치유하기

발견하기

제이: 저는 아무것도 느낄 수가 없어요.

치료자: 좀 더 말씀해 주세요.

제이: 음, 이 문제에 대해 선생님이나 누군가—내 아내나 애들도 포함해서요—제가 뭘 느끼고 있
는지 물어보는데 정말 어떻게 반응해야 할지 모르겠어요. 저는 대부분의 사람들이 느끼는
방식으로 느끼질 못하는 것 같아요.

치료자: 이 문제를 탐색해 보고 싶으신가요?

　　　* 허락 구하기

제이: 예.

치료자: 눈을 감아도 괜찮으시겠어요? 좋아요. 이제 어떤 생각이든 감정이든 신체감각이든 떠오
르는 걸 알아차려 보세요.

　　　* 몸에서 시작하기

제이: 알았습니다.

　　　* 몇 초 후 제이는 눈을 뜬다.

제이(계속): 가슴에서 통증이 느껴지네요.

초점 두기

치료자: 그 통증에 초점을 두고, 우리가 무엇을 배울 수 있는지 살펴봐도 될까요?

　　　* 허락 구하기

제이: 여러 해 동안 가슴 통증이 있었어요. 새로운 건 아무것도 없어요. 여러 명의 의사를 찾아갔
는데, 모두 아무 문제가 없다는 거예요. 한번은 심장마비가 왔다고 생각했죠. 구급차를 불러
서 응급실에 갔어요. 하지만 여전히 아무 문제가 없었어요.

　　　* 제이는 이 통증에 대해 그 어떤 심리적 이유도 알아차리지 못하고 있는데, 이는 그러한 신
체화가 종종 보호 수준이 높다는 것을 말해 준다.

치료자: 괜찮다면 가슴 통증에 대해 호기심을 가지고 다시 내면으로 돌아가 볼까요? 모든 신체
감각은 우리에게 중요한 정보를 가지고 있다고 믿거든요.

　　　* 다시 허락 구하기

구체화하기

제이: 네. 해 볼게요.

> * 잠시 후

제이(계속): 소년일 때의 제 모습을 봤어요. 여덟 살이 분명해요.

> * 어떤 부분이 제이에게 자신의 경험들을 보여 주기 시작하고 있다. 우리는 이를 '목격하기'
> 라고 부른다.

치료자: 무엇을 보았나요?

제이: 그날 할아버지가 돌아가셨어요.

치료자: 당신 모습이 혼란스러워 보이는군요.

제이: 혼란스러워요.

친해지기

치료자: 좀 더 살펴봐도 될까요?

제이: 네.

> * 제이는 눈을 감고, 조용히 있다. 눈물이 솟아난다.

제이(계속): 할아버지는 제게 굉장히 소중했어요. 네 살 때 아버지가 돌아가셔서 할아버지가 제
아빠였거든요.

치료자: 가슴 통증과 연관이 있나요?

제이: 예. 어떤 관련이 있는지는 모르겠어요.

치료자: 좀 더 들어 볼 수 있을까요?

제이: 이제 정말 궁금해요.

치료자: 제이 씨의 호기심을 가슴 통증에게 전달해 보세요. 그리고 가슴 통증한테 제이 씨가 무엇
을 알아주기를 원하는지 물어보세요.

제이: 이상하게 들리겠지만 가슴 통증이 제가 느끼지 않도록 돕고 있다는 걸 알겠어요.

> * 가슴 통증은 보호 부분이다.

보호자의 두려움 평가하기

치료자: 느끼지 않는 것이 왜 중요한지, 좀 더 말해 달라고 그 부분에게 요청해 보세요.

제이: 내가 침실에 만들었던 요새를 보고 있어요. 의자 두 개 밑에 있는 담요 동굴이었어요. 화가
나면 거기에 들어가곤 했죠.

치료자: 이것이 당신에게 납득이 되나요?

> * 그 소년을 향한 제이의 참나 에너지 확인하기

제이: 완전히요.

치료자: 당신이 연결되어 있다는 것을 그 소년에게 알려 주세요.

추방자의 경험 목격하기

제이: 저는 감정이 부족한 가정에서 자랐어요. 할아버지가 돌아가신 다음 날, 어머니는 형 생일파티를 여셨어요. 케이크를 구웠고, 선물을 포장하고, 식탁을 차렸어요. 어머니의 태도는 이랬어요. '무슨 일이 있어도 쇼는 계속된다.'

> * 제이는 이제 소년이 겪은 극단적 경험을 알아차리면서 일인칭으로 말하고 있는데 이것은 제이가 소년의 관점에서 이 경험을 바라보고 있음을 가리킨다. 그렇다고 이것이 우리가 '혼합된' 경험이라 부르는 것은 아니다. 왜냐하면 소년은, 제이가 자기와 함께 그곳에 있다는 것을 느끼고, 자신감을 가지고 제이의 참나에게 자기의 경험을 보여 주고 있기 때문이다.

치료자: 소년에게 그런 경험들이 어떠했나요?

제이: 혼란스러웠어요. 저는 할아버지가 돌아가신 직후에 파티를 여는 것은 미친 짓이라는 것을 알고 있었어요. 저는 세상이 끝나 버린 것 같았어요. 제 형은 비참했어요. 가슴 통증이 제가 그 시기를 잘 통과하도록 도와주었고, 그래서 그러한 감정들을 느끼지 않았다는 사실을 알았어요. 그건 일종의 커다란 주의 분산이었어요.

> * 가슴 통증은 하나의 부분이다. 기술적으로, 우리는 그 가슴 통증을 소년의 보호 부분으로 간주한다. 즉, 하나의 하위 부분인 것이다(부분은 부분을 가진다). 그러나 소년과 제이의 참나가 조화로운 상태에 있기 때문에 우리는 가슴 통증을 그냥 단순한 부분으로서 효과적으로 다룰 수 있다.

치료자: 이제 그 가슴 통증에 대해 어떤 느낌이 드나요?

> * 보호자에 대한 제이의 참나 에너지 수준을 확인하기

제이: 이 부분이 저를 위해 해 준 일에 대해 고마움을 느껴요. 제가 알아준다는 사실에 이 부분이 정말 좋아하네요.

치료자: 가슴 통증이 이제는 그렇게 열심히 일하지 않을 의향이 있는지 궁금하군요.

> * 새로운 것을 시도해 보도록 초대[권유]하는 것이다.

제이: 이 부분이 지쳐 있다는 걸 저는 압니다.

치료자: 만일 그 부분이, 그런 느낌을 품고 있는 소년을 우리가 도울 수 있게 허락한다면, 우리는 그 소년을 과거에서 꺼내 올 수 있어요.

제이: 소년은 그걸 원해요.

치료자: 그럼 가슴 통증에게 물어봅시다. 당신이 그 소년을 돕도록 허락하겠는지.

* 우리는 언제나 보호 부분들에게 허락을 요청한다. 우리가 그걸 잊어버리면, 보호 부분들이 어떤 식으로든 끼어들 것이다.

추방자의 경험 다시 목격하기

제이: 좋아요. 제 침실 요새 안에 있는 소년이 보여요.

치료자: 소년에 대한 느낌이 어떤가요?

　　* 제이의 참나 에너지 확인하기

제이: 저는 지금 소년에게 많은 사랑을 느껴요.

치료자: 소년도 지금 당신의 사랑을 느끼고 있나요?

　　* 소년과 제이의 참나 사이의 연결 확인하기

제이: 와! 소년이 저를 올려다보면서 미소 짓고 있어요.

치료자: 아주 좋아요. 소년은 제이 씨가 무엇을 알기 바라나요?

제이: 소년은 정말로 슬픈 것 같아요.

치료자: 이런 감정 상태가 당신에게 괜찮은가요?

　　* 제이의 보호자 반응 확인하기

제이: 좀 강하네요.

치료자: 그에게 알려 주세요. 슬퍼하는 그를 도우려고 우리가 여기에 있다는 것을요. 그리고 당신이 압도당하지 않도록 당신과 그 슬픔을 조금씩 공유하자고 요청해 보세요.

　　* 추방자가 압도하는 것에 대해 교섭하기

제이: 소년이 좋다고 하네요.

치료자: 좋습니다. 그냥 그와 함께 있으면서 그가 당신이 알아줬으면 하는 것들을 나누게 해 주세요.

　　* 몇 분 동안 제이가 조용히 앉아서 소년의 슬픔을 목격하는 동안, 그의 얼굴에 눈물이 흘러내린다.

제이: 소년은 아주 슬픕니다. 아버지가 떠난 것이 슬프고, 할아버지가 돌아가신 게 슬프고, 엄마가 감정을 다룰 줄 몰랐다는 사실이 슬픕니다.

치료자: 그런 것들이 제이 씨한테도 이해가 되나요?

제이: 전적으로요.

치료자: 소년이 나누고 싶어 하는 것이 또 있나요?

제이: 제 생각에는 그게 전부인 거 같아요.

　　* 내담자가 생각이라는 단어를 사용할 때, 어떤 생각하는 부분이 끼어 든 것일 수 있다는 걸 알아차려야 한다—따라서 우리는 그 부분이 직접 답하도록 그에게 요청한다.

치료자: 소년에게 물어보세요.

제이: 소년이 이렇게 말해요. 할아버지가 돌아가셨을 때 그 가슴 통증이 시작되었다고요. 왜냐하면, 그때 내가 정말로 외로웠다고요. 아버지도 없고, 어머니도 없고, 이제는 할아버지도 없고.

치료자: 아! 소년이 당신한테 무엇을 필요로 하고 있나요?

제이: 단지 이렇게요.

   * 우리는 제이가 그의 의자에서 몸을 조금 움직일 때까지 침묵하고 있었다.

치료자: 소년은 과거를 떠날 준비가 되었나요? 소년은 당신과 함께 현재로 올 수도 있고, 아니면 다른 안전한 곳으로 갈 수도 있습니다.

제이: 저와 함께 있고 싶어 해요.

치료자: 좋습니다. 소년과 함께 그 침실에 있나요?

제이: 제가 소년을 데리러 가고 있어요.

치료자: 아주 좋아요. 그를 현재로 데려오세요.

   * 이것을 '구출'이라고 부른다. 그런데 제이가 지금 찌푸리고 있는 걸 봐서는, 일이 잘 풀리는 것 같지가 않다.

치료자(계속): 무슨 일이죠?

제이: 제 생각엔 뭔가 다른 부분이 제가 그를 데려가는 걸 원하지 않습니다.

치료자: 왜 그런지 물어보세요.

제이: 어릴 때, 저는 자주 조용히 있곤 했어요. 그 부분처럼 느껴지네요.

치료자: 그 조용한 부분 역시 오고 싶어 하나요? [제이가 고개를 끄덕임] 좋습니다. 그 부분도 소년과 함께 현재로 데려오세요. 하지만 그 부분에게, 당신과 소년에게 잠시 시간을 달라고 요청하세요. 그런 후에야 우리가 그 부분을 도울 수 있습니다.

   * 고요한 부분 또한 소년을 보호한다. 짐 내려놓기 과정 중에 보호자들이 종종 방해를 하는데, 그것은 걱정이 되기 때문이다. 제이가 충분한 참나 에너지를 가지고 있고, 소년이 도움을 갈망하기 때문에, 치료자는 고요한 부분에게 도움을 주겠다고 약속하지만, 기다려 줄 것 또한 분명하게 요청한다.

제이: 망설여지지만, 그렇게 하겠답니다.

치료자: 아주 좋습니다. 곧 소년과 함께할 수 있습니다.

제이: 소년이 지금 제게 딱 달라붙어 있습니다.

치료자: 제이 씨는 괜찮으세요?

   * 제이의 참나 에너지 확인하기

제이: 우리 둘 다 아주 좋습니다.

치료자: 훌륭합니다.

제이: 우리는 지금 제가 현재 살고 있는 집의 딸 침실에 있어요. 소년이 있고 싶어 하는 곳 같아요.

치료자: 제이 씨는 괜찮나요? 이제 소년에게 물어보세요. 이 경험에 대해서 당신이 알았으면 하는 모든 것을 보여 줬는지 말입니다.

　　　* 목격하기를 종료할 수 있는지 확인하기

제이: 네.

치료자: 소년이 자신의 짐을 내려놓을 준비가 되었나요?

　　　* 목격하기를 한 다음에 우리는 추방자가 짐 내려놓기가 준비되었는지 확인해 본다—해로운 신념들과 극단적인 감정 상태들.

제이: 네.

치료자: 좋습니다. 소년에게 자신의 몸 안이나 주변에서 떠나보낼 준비가 된 생각, 감정, 감각들에 대해 확인하도록 해 주세요. 소년이 어떤 방식을 선택하든지 그는 해낼 수 있습니다.

　　　* 추방된 부분이 모든 결정을 할 수 있도록 요청하기

제이: 소년은 모닥불에 그것들을 태우고 싶어 하네요.

치료자: 좋습니다. 그가 다 하고 나면 제게 알려 주세요.

제이: 아주 자유로워요!

치료자: 훌륭합니다. 그는 어떤가요?

제이: 행복해합니다. 놀고 싶어 하네요.

치료자: 이제 가슴 통증과 고요한 부분, 그리고 소년을 보호해 온 또 다른 누군가와 함께 확인해 봅시다. 그들에게 한번 점검해 보라고 하세요.

제이: 소년이 지금 얼마나 행복해하는지 그들이 놀라고 있어요.

치료자: 소년이 제이 씨와 함께 안전하게 있다는 걸 그들이 알고 있나요? 좋습니다. 그들은 무엇을 필요로 하나요?

제이: 희한하게도 가슴 통증은 자전거 타기 같은 신체적인 걸 하고 싶어 하네요. 그리고 고요한 부분은 명상을 하고 싶어 합니다.

치료자: 좋습니다. 그렇게 하는 게 제이 씨는 괜찮으세요? 그러면 그들은 바로 그렇게 할 겁니다. 다음 주에 우리가 다시 만날 때까지 매일 소년을 돌보면서 간단히 그의 상태를 확인해 볼 수 있을까요?

제이: 물론이죠.

∞

우리가 보았듯이, 신체화 증상을 통한 주의분산은 여러 해 동안 제이를 감정적 고통으로부터 보호해 왔다. 하나의 고통을 다른 것으로 잠시 대체하는 데는 효과가 있었지만, 그렇다고 감정적 고통을 이런 방식으로 다루는 건 분명 '미성숙'한 해결책이다. 신체 통증은 당혹스럽고 불안하고 지치게 만들면서도 감정적 고통의 배경소음을 소멸하지는 못한다. 보호자 행동은 대개 이런 식으로 미숙하다—그들은 어린 시절에 시작되어서 인지적으로 미숙하고, 아동기 시절의 (흔히 심하게) 제한적인 환경을 계속해서 참고하는 식이다.

IFS가 치료자에게 주는 유익

만일 당신이 치료사로서 자신의 두려움과 부적절감, 수치심 때문에 피곤하고, 자주 생각에 사로잡히고, 마음이 과하게 흔들리면서 작업하고 있는 것을 발견한다면, 우리의 경험으로 볼 때, IFS가 당신에게 안도감을 제공해 줄 수 있다.

- IFS 치료자는 올바른 해석을 내리고 과제를 생각해 내거나 과거를 직면하도록 내담자들에게 압력을 가하거나, 단편화된 정보와 인격들을 다시 통합하도록 요구받지 않는다.
- 우리에게는 모두를 위한 하나의 로드맵이 있다. 즉, 참나에 접속하라. 비록 우리가 그곳에 도달하게 해 주는 일반적인 단계들을 안다고 해도, 우리의 GPS는 언제나 참나 에너지이다. 우리가 길을 잃고 헤맬 때, 지금 이 순간에 무슨 일이 일어나고 있는지에 대해 우리의 호기심을 표현하고, 회기가 진로를 벗어났을 때는 창의성을 발휘하면서 우리의 자원으로 되돌아간다(Krause, Rosenberg, & Sweezy, 2016).
- 우리는 '저항'을 결정적인 정보를 알려 주는 안내자로서 인식하고 극단적인 보호자와 싸우지 않기 때문에, 일반적으로 IFS의 접근 방식은 부정적인 전이를 거의 일으키지 않는다 ("당신이 나타나서 기뻐요. 당신은 우리가 어떤 것을 알기 바라나요?").
- IFS는 내담자의 참나 에너지가 발현하도록 돕는 데 초점을 맞추고 있다. 참나 에너지는 의존성보다는 연결성을 더 이끌어 낸다.
- 비병리적 접근 방식은 내담자를 열린 가슴과 호기심, 그리고 연결된 마음의 틀에 접속할 수 있도록 해 준다. 이 지혜로운 공동치료자인 참나에게 더 많이 접속하면 할수록 안전과 편안함의 느낌이 더욱 빈번해진다.
- 우리에게도 내담자와 함께 똑같이 열린 가슴과 호기심 그리고 연결된 마음의 틀 안에 있을 수 있는 기회가 주어진다.
- 우리는 내담자에 의해 촉발된 우리의 부분들을 향해 호기심을 확장함으로써, 더 많이 자

각하게 된다.

• 우리가 우리의 부분들로부터 분화해서 참나에 접속할 때, 우리의 병렬 프로세스는 위
  험을 감수하면서도 뭔가 새로운 것을 시도하는 내담자의 체계를 위한 최고의 초대장이
  된다.

제3장

/

치료작업 및 실습

IFS는 치료 초기부터 모든 증상(IFS 언어로는 보호 부분들)을 아주 분명하게 환영하며 다루는, 전형적으로 촉진적인 치료작업의 형태를 띤다. 이러한 IFS의 개방적이고 수용적인 입장은 내면의 안전을 증장시켜서 일찍이 취약성에 접속하도록 초대한다. 보호 부분들은 참나가 알아주고 바라봐 준다고 느끼기 시작하면 이완하는 경향을 보이는데, 이는 2~3회기 안에서 일어날 수 있다. 이를테면 경미하거나 중간 수준의 우울을 가진 내담자는 상당한 경감을 경험한다.

IFS 복합 트라우마 연구에서 16주 동안 IFS 치료를 받은 13명 가운데 오직 1명만이 PTSD 진단이 유지되었다. 이는 내담자가 가진 상처의 심각성 정도와 치료자의 숙련도에 따라서, 참나가 상처 입은 부분들과 함께 있도록 보호자가 허락하기까지는 수주에서 수개월이 걸릴 수 있다는 사실을 말해 준다. 그러나 일단 허락이 이루어지면 내담자의 참나가 상처받은 부분의 경험을 목격하고 그 짐을 내려놓도록 돕는 과정이 대개 1~3회기 안에 완성된다.

내담자 선택

IFS는 트라우마, 해리, 우울, 공항, 불안, 섭식장애, 중독, OCD, ADD, 조울증, 성격장애, 조현병에 국한되지 않고 매우 다양한 정신건강 조건들에 효과적으로 사용되어 왔다. 일반 성인, 아동, 그리고 자폐증 같은 특별한 도움이 필요한 개인에게도 효과적이며, 커플·가족·아동·가족 치료에도 적용되어 왔다. 주된 주의사항은 안전과 관련되어 있다. 만일 내담자의 생활환경이 심각하게 위험하거나 안전하지 않은 경우에는, 보호 부분들의 긴장 완화를 독려하는 것이 내담자로 하여금 취약성(상처받은, 추방된 부분들)과 연결할 수 있게 해서 오히려 내담자를 덜 안전하게 만들 수 있다. 이런 경우에, 우리는 먼저 안전에 초점을 맞춘다.

진행 중인 내담자를 IFS 치료작업으로 전환하기

IFS를 접하는 대부분의 치료자들은 이미 내담자와 상담을 진행하고 있고, 적어도 한 가지 치료접근법에 전문가인 경우가 많다. 만일 당신도 그런 경우라면, 당신의 내담자들 가운데 새로운 것을 시도하는 데 누가 가장 개방적일지 생각해 보고, 한번 시도해 보자는 권유와 함께 IFS 모델을 소개하기 바란다. 그러한 소개는 다음과 같이 진행될 수 있다.

치료자: 제가 2주 전에 새로운 치료법을 배우러 갔던 거 기억하세요? 인상적이었어요. 그래서 저는 당신이 이걸 시도해 보면 어떨까 생각했답니다.

리나: 왜 저를 생각하셨나요?

치료자: 그 접근법에 대해 좀 더 얘기하고 나면 이유를 설명하기가 훨씬 쉬울 것 같은데, 괜찮으세요?

리나: 좋아요.

치료자: 내면가족체계 또는 줄여서 IFS라고 하는 이 치료법이 제게 좋았던 점은, 우리의 내면에서 얼마나 다양한 일들이 일어나고 있는지에 초점을 두고 있기 때문입니다. 여기에 대해 정말 많이 얘기했잖아요. 당신 안에는 너무 늦기 전에 꼭 아이를 낳고 싶었던 부분도 있지만, 미키가 배앓이로 울음을 그치지 않을 때나 유치원에서 돌아와서 애정결핍인 듯 다리에 매달릴 때 몹시 실망하는 참을성 없는 부분도 있다고 했는데, 맞지요? 그러고 나서 참을성 없는 자신에 대해 죄책감을 느끼는 부분도 있고요. 그 부분은 당신을 나쁜 엄마라고 하면서 절대로 아이를 갖지 말았어야 한다고 말하죠. 맞나요?

리나: 네, 하지만 그건 다 아는 거잖아요. 그래서 뭐가 다른 거죠?

치료자: 다른 점이 있어요, 제가 전에는 몰랐던 겁니다. 부분들에 대해서 단순히 언급만 하는 것이 아니라 그 부분들과 실제로 대화를 할 수 있다는 점입니다. 한번 해 보실래요?

리나: 모르겠어요. 제가 실험 대상이 되는 건가요?

치료자: 실험 대상이 되는 게 맞아요. 하지만 이 치료법 안에 당신을 도울 수 있는 뭔가가 없다면 이런 제안을 하지 않을 겁니다.

리나: 만일 제가 부분들에게 말을 걸고 그들이 대답을 하게 된다면, 아마 그들은 결코 입을 다물지 않을 거예요. 그래서 제 인생을 더 망쳐 놓을 거고요.

치료자: 걱정하시는 게 이해가 갑니다. 그래서 제가 비록 배우는 과정이긴 하지만, 이 IFS 훈련이 체험을 바탕으로 하기 때문에, 며칠 동안 제 자신한테 적용해 봤어요. 나의 부분들에게 귀를 기울이기도 하고 말을 걸기도 하면서, 주거니 받거니 해 보았습니다. 상상해 보세요. 당신이 어렸을 때 부모님, 자매들과 함께 가족치료에 갔을 때요. 그때 만일 가족들이 전적으로 당신에게 말할 기회를 주고, 귀를 기울이고, 당신이 그렇게 필요로 했던 것을 인정해 주었다면, 당신이 가족들의 말을 더 잘 듣게 됐을지, 아니면 그 반대였을지 말이죠.

리나: 더 잘 들었을 거예요.

치료자: 그렇죠. 그건 부분들에게도 마찬가지예요. 사람들과 똑같이 부분들도 자신의 얘기를 들어주고, 자신의 걱정이 존중받기를 원합니다. 그렇게 되면 부분들은 더욱 협조하게 될 겁니다.

리나: 그럼 지금 보여 주실 건가요?

치료자: 네. 보여 드리죠. 그리고 당신에 대해서는 당신 자신이 가장 전문가이니, 괜찮다면 우리
가 함께 배워 갈 수 있어요.

∞

사례에서 볼 수 있듯이, 내담자들(그리고 그들의 부분들)은 치료의 성격과 목적에 대해 기대하는
것들이 있으며, 일반적으로 새로운 방식을 취하는 것에 대해 우려를 갖는 것은 당연하다. 슈워츠
는 IFS 치료자를 일컬어 '희망 상인hope merchant'이라고 부르는데, 왜냐하면 치료 시작에서부터 마
지막까지, 우리가 새로운 시도에 대한 아이디어로 부분들을 선전하고 있기 때문이다. 이미 진행
중인 내담자들에게 IFS를 시도해 보도록 설득하고 싶다면 이러한 역할은 특히 중요하다.

새로운 내담자와 IFS 치료작업 시작하기

가끔 IFS 같은 특정 유형의 치료를 찾아서 오는 내담자들도 있지만, 대부분은 그저 기분이
나아지기 위해서 치료에 온다. 치료를 시작할 때 어떤 내담자들은 단지 이 특별한 치료사와의
궁합이 좋은지를 알고 싶어 하기도 하고, 또 어떤 내담자들은 치료자의 이론적 방향과 방식에
대한 궁금증을 가지고 치료에 참여한다. 후자라면 IFS에 대해 듣고 나서야 정신의 다중성에
대한 생각을 받아들일 수도 있다. 반면에 당황하거나 걱정할 수도 있다. 부분들은 원래는 정
상이지만, 어떤 부분들은 상처를 입었고 또 다른 부분들은 반대로 보호적이라는—그리고 모
든 부분들은 선한 의도를 가지고 있다는—아이디어는 새로운 것이다. 우리가 내담자들에게
'내면으로 들어가서' 자신의 부분들에 귀를 기울이고 자신의 참나와 연결하도록 격려해 보면,
어떤 내담자들은 적극적인 반면에 또 어떤 내담자들은 경계하기도 한다. 경험적으로 보면 치
료자가 자신의 경험을 가지고 실습을 많이 해 볼수록, 내담자들의 다양한 반응에 익숙해지고
각 내담자들의 요구에 따라 반응하는 것도 그만큼 더 편안해진다.

새 내담자와 시작할 때 내담자에게 IFS 핵심개념 소개하기

다음은 IFS 접근 방식에 호감을 가지고 있는 신규 내담자들과 치료를 시작할 때, 어떻게 부분과
참나에 대해 설명할 수 있는지를 보여 주는 예이다.

치료자: 만나서 반가워요, 로건 군. 여기에 왜 왔고 내가 무엇을 도와주면 좋을지 얘기해 주세요.

로건: 음, 요즘 학교 때문에 굉장히 짜증나요. 이번 학기 수업이 더 어려워져서 스트레스와 압박감을 느끼고 있어요. 여자 친구가 과제를 도와주려고 계속 노력하는데, 그러다가 항상 싸우곤 해요. 이런 모든 게 정말 지겨워요.

치료자: 힘든 상황으로 들리는군요. 어쨌든, 로건 군이 여기 온 게 기뻐요.

로건: 뭐, 부모님께서 치료를 받아 보고 도대체 뭐가 잘못된 건지 알아보라고 계속 잔소리를 해서요.

치료자: 음, 나는 솔직히 로건 군에게 어떤 문제가 있다고 생각하지 않아요. 로건 군이 지금 힘든 상황에 있고 최선을 다해서 그런 자신을 도우려고 노력하고 있다는 걸로 들렸어요.

    치료자는 로건의 심리적 고통에 대해 비병리적인 관점을 주장하고 있다.

로건: 고맙습니다! 제 생각도 그래요. 그럼 무엇을 하실 건가요?

치료자: 나의 치료 접근은 내면가족체계 또는 IFS라고 불리는 거예요.

로건: 여자 친구가 심리학 전공이에요. IFS가 뭐죠?

치료자: 음, IFS는 상당히 달라요. 내 경험상 가장 좋은 소개는 직접 경험해 보는 겁니다. 내가 안내해 줄 수 있어요.

로건: 아무것도 말해 줄 수 없나요?

치료자: 물론 말해 줄 수 있죠. 이 치료 접근은 우리 모두에게는 많은 다양한 부분들이 있다고 말해요. 예를 들면, 내가 여기서 일할 때 모습과 집에서 아이들과 놀 때나 친구들과 거리에서 시합을 할 때와는 다르겠죠. 이런 부분들은 내 성격의 다양한 측면들이죠. 그리고 물론 더 많은 측면들이 있겠지요. 내가 말하는 것을 이해하나요?

로건: 이해가 갈 것 같아요.

치료자: 내가 로건 군의 부분들에 대해서 들은 것들을 말해 준다면 도움이 될 수 있을 것 같은데요? 왜냐면 이런 방식으로 보면 우리는 다 똑같기 때문이에요. 우리 모두는 부분들을 지니고 있죠. 예를 들면, 로건 군은 학교에 대해 압박감을 느끼고 스트레스를 받는 부분과 여자 친구와 싸우고 거의 항상 화난 듯이 보이는 부분에 대해 말했어요. 또 뭔가 잘못되었다고 생각하는 부모님에게 동의하지 않는 부분도 있다고 말했지요. 그리고 그런 부모님에게 동의하지는 않지만 기꺼이 치료에 온 부분도 분명히 있는 거고요.

로건: 맞아요.

치료자: 이렇게 우리 모두는 부분들을 가지고 있고, 우리가 어려운 시간을 헤쳐 나갈 수 있도록 부분들은 어떤 역할과 책임을 떠맡고 있습니다. 여기에 IFS만의 독특한 점이 있지요. 우리는 로건 군의 그 부분들과 직접 이야기를 나눌 수가 있다는 것입니다. 물론 로건 군이 원한다면 말이죠.

치료자는 계속 진행할 결정권을 로건에게 주고 있는데, 사실상 계속 진행에 대한 허락 요청이다.

로건: 좋아요. 하지만 이 모든 것들에 대해 너무 많이 생각해서, 여기를 떠날 때 더 불쾌해질까 봐 걱정이 돼요.

한 부분이 지금 아주 흥미로워하고 있지만, 또 다른 걱정하는 부분이 말하고 있다.

치료자: 이해해요. 나도 로건 군이 더 불쾌한 상태로 여기를 떠나게 하고 싶지 않아요. 도움이 될 만한 이야기를 하나 더 해도 될까요?

로건: 좋아요.

치료자: 수많은 부분들 말고도, 우리는 또한 힘든 시기를 헤쳐 나가는 내적 강인함이 있답니다. 진심으로 말하건대, 로건 군은 무엇이 최선인지를 알고 있고, 당면한 상황을 처리할 내적 자원을 가지고 있습니다. 이러한 자원들은 부분이 아닌 로건 자신, 즉 핵심적인 참나Self인 일종의 내면의 지혜를 내포하고 있지요. 나는 로건의 부분들이 원한다면 그러한 로건을 만나도록 도울 수 있어요.

치료자는 참나에 대한 개념을 소개하고 있다.

로건: 그들은 그걸 사실로 믿지 않아요.

치료자: 그들이 목소리를 냈다는 것이 기쁘네요. 왜냐하면 나도 그들이 내 말을 있는 그대로 받아들이길 원치 않거든요. 그리고 나는 그들이 알았으면 좋겠어요. 부분이 아닌 로건을 만나는 것이 부분들을 바꾸거나 부분들로 하여금 뭔가를 포기하게 만드는 것이 아니라, 그냥 로건이 제공해야 할 것에 대해서 배운다는 사실을요.

로건: 좋아요. 해 볼게요.

치료자: 그럼 한 부분과 시작해 볼까요. 어떤 부분이 제일 먼저 로건 군의 관심을 필요로 하나요?

항상 목표 부분이 있다.

로건: 학교 때문에 엄청 스트레스를 받는 부분은 어떨까요?

치료자: 좋아요. 주의를 내면으로 돌려 봐요. 원한다면 눈을 감아도 돼요. 그리고 나서 그 스트레스가 몸 안이나 피부 또는 주변 어디에 있는지 알아차려 보세요.

로건: 복부에서요. 늘 아픈 것 같아요.

치료자: 그 아픈 감각에 대하여 어떤 느낌이 드나요?

로건: 솔직히 멈췄으면 좋겠어요. A 학점을 받지 못할 수도 있다는 건 알아요, 하지만 미치지 않고 이번 학기를 마치면 좋겠어요.

이것은 또 다른 부분이다.

치료자: 아픈 것이 멈추길 원하는 부분은 중요한 관점을 가지고 있는 또 다른 부분처럼 들리네요. 그런데 우리가 그 부분에게 로건을 압도하지 말라고 요청하면, 그 부분이 로건으로 하여금

스트레스 부분의 이야기를 먼저 들을 수 있도록 허락해 줄까요?

> * 치료자는 목표 부분과 계속 진행하기 위해 다른 부분에게 허락을 구하고 있다.

로건: 좋아요.

치료자: 그 부분에게 알려 주세요. 로건이 돕고 싶지만 만일 그 부분이 로건을 장악해 버리면 로건은 도울 수가 없다고. 그 부분이 기꺼이 로건을 압도하지 않겠다고 하나요?

로건: 네.

치료자: 좋아요. 이제 그 스트레스를 받는 부분에 대해 어떤 느낌이 드나요?

> * 이 책 전반을 통해 설명하듯이, "~에 대해 어떤 느낌이 드나요?"는 내담자가 목표 부분으로부터 얘기를 듣는 것에 열려 있는지 평가하기 위한 핵심 질문이다. 이것은 내담자의 참나 에너지 수준을 결정할 때도 똑같다.

로건: 일종의 호기심이랄까요. 나도 학교가 현재 엉망이라는 걸 알아요. 하지만 전에도 계속 그랬거든요. 요즘 왜 이렇게 지겹고 화나게 만드는지 모르겠어요.

> * 로건의 대답은 이제 그가 경청하기에 충분할 만큼 열려 있다는 걸 보여 준다.

치료자: 그 부분이 어떻게 반응하나요?

로건: 소릴 지르고 있어요, "넌 실패해선 안 돼!"

치료자: 좀 더 들어 볼 수 있을까요?

로건: 네.

치료자: 그 부분이 소리 지르지 않고 얘기할 용의가 있을까요?

> * 치료자가 내담자와 부분들 간의 의사소통을 정상화하기 시작한다—소리 지를 필요가 없다는 사실을 통해. 로건의 참나가 더 많이 작용할수록, 이 부분은 더욱 평온해질 것이다.

로건: 제가 귀를 기울이면요.

치료자: 경청할 준비가 되어 있나요?

> * 치료자는 이것을 당연한 것으로 여기지 않고, 로건이 스트레스받는 부분의 이야기를 경청하도록 다른 부분들이 기꺼이 허락해 줄 것인지를 확인하고 있다.

로건: 네.

치료자: 좋아요. 로건 군이 경청하고 있으니까 소리 지를 필요가 없다고 그 부분에게 알려 주세요. 왜 로건 군이 실패하면 안 되는지 좀 더 얘기해 달라고 하세요.

∞

로건이 개념적 틀을 원하기 때문에 치료자는 IFS의 기본 개념을 소개한다. 내담자는 결국 그렇게 뇌리를 떠나지 않던 자신의 부정적인 현재 경험에 대해 호기심을 느끼게 된다. 모든 첫 번째 회기가 이 정도이 영역을 다뤄야 하는 것은 아니다. IFS에서 속도 조절은 보호 부분들의 요구와 의향 그리고 허락에 맞추어져 있다. 즉, 부분들이 우리에게 허용하는 속도만큼 진행된다.

IFS 이론에 관심이 없는 새 내담자의 동의 얻기

치료자의 치료 접근에 대해 관심이 없는 새로운 내담자와 시작할 때의 사례이다. 내담자는 심각한 정서적 고통을 겪고 있으면서도 본인 스스로 알아내야 한다는 신념으로 치료를 회피해 왔다.

치료자: 어서 오세요, 로리 씨. 전화로 당신과 당신의 여자 친구가 계속해서 사이가 좋지 않다고 했죠. 두 사람 사이에 세 살짜리 딸이 있고, 여자 친구가 딸을 데리고 나가서 기약 없이 자기 어머니와 함께 워싱턴 주에 머물고 있다고도 했어요. 또 수면에 문제가 있어서 직장에서 일에 집중하는 데 지장을 받고 있다고도 했고요. 이런 걱정들 중에서 어떤 것에 먼저 관심을 가질 필요가 있을까요?

로리: 저는 정말로 제가 이 모든 문제를 다룰 수 있고 또 그래야만 한다고 생각했어요. 치료자를 만나고 싶지 않았어요.

치료자: 우리가 그 점에 주목해야 할까요?

로리: 그래야 할 것 같아요.

치료자: 그럼 제가 바르게 이해했는지 보겠습니다. 당신의 한 부분은 이런 문제들을 당신 스스로 다룰 수 있어야 한다고 생각하고 있고, 그런데 또 다른 부분은 당신이 도움을 받아야 한다고 촉구했군요.

로리: 네.

치료자: 어느 부분이 먼저 당신의 주의를 필요로 하나요?

로리: 제 스스로가 해야 한다고 생각하는 부분이 지금 당장 정말로 강하네요.

치료자: 그것을 당신의 몸 안, 표면 또는 주변 어디에서 느끼시나요?

로리: 제 머리에서요.

치료자: 그것에 대해 어떻게 느끼세요?

로리: 동의합니다.

치료자: 지금 이 순간에는 모든 걸 혼자서 처리할 수 있어야 한다고 생각하는 부분의 눈으로 당신이 보고 있는 것 같군요. 하지만 우리는 또한 당신이 도움을 받아도 괜찮다고 생각하는 또 다른 부분이 있다는 걸 알고 있습니다. 그 부분은 지금 어디에 있나요?

로리: 여기 바깥쪽요.

* 로리는 머리 뒤쪽으로 손을 흔든다.

치료자: 알겠습니다. 머리 주변에 있군요. 머릿속에 있는 그 부분이 기꺼이 당신을 위해 안쪽에 공간을 만들어 줄까요?

로리: 네.

치료자: 자 이제, 거기에 있는 로리는 얼마간의 지혜를 가지고 있고 진실로 도움을 줄 수 있습니다. 당신이 허락하면, 당신을 그에게 소개해 주고 싶은데, 괜찮으세요? 좋아요. 이제 당신 혼자 해야만 한다고 말하는 그 부분에게 잠시 긴장을 내려놓고, 생각하지 말고 그냥 듣기만 해 달라고 요청해 보세요…… 어떤 말이 들리나요?

로리: 내가 항상 강하고 독립적이어야 한다는 것을 나도 알지만, 내가 여기 있는 것은 괜찮아. 나는 좋은 아빠가 될 필요가 있어. 이것은 중요해. 그래서 나는 그것에 대해 이야기해야만 해.

치료자: 로리 씨를 여기 데려온 것이 그 부분인거죠?

로리: 그런 것 같아요.

치료자: 물어보시죠.

로리: 네.

치료자: 그 부분은 여전히 거기 밖에 있나요?

로리: 지금은 좀 더 가까이 있어요.

치료자: 그 부분이 당신이 여기 있는 것에 반대하는 부분과 먼저 대화하는 걸 기꺼이 허락할까요?

로리: 물론요.

치료자: 당신이 혼자서 해내야 한다고 생각하는 부분에 대해서, 당신은 지금 어떻게 느끼죠?

로리: 복잡해요.

치료자: 그 부분이 당신을 위한 공간을 만들어 줄까요?

로리: 제가 어떻게 알죠?

치료자: 물어보세요.

로리: 아무 소리도 안 들리지만 내면에 약간의 공간이 좀 더 생긴 걸 느낍니다.

치료자: 좋습니다. 고맙다고 전하세요. 이제 그 부분에 대해 어떤 느낌이 드시나요?

로리: 이 부분이 어디에서 왔는지 알아요. 우리 아버지는 도움을 필요로 하는 사람을 나약하다고 생각하세요.

치료자: 당신이 알고 있는 것을 이 부분에게 알려 주세요. 그리고 당신이 잘 이해했는지 물어보세요.

로리: 네.

치료자: 이 부분이 당신에게 필요로 하는 것은 뭐죠?

로리: 이렇게 어지러운 상황을 수잔과 함께 해결하고 좋은 아빠가 되길 바라고 있어요.

치료자: 그 말이 일리가 있나요?

로리: 그것이 제가 여기 있는 이유입니다.

∞

로리는 연인과의 관계와 자녀를 잃어버린 것 때문에 치료에 왔다. 그러나 그의 모든 부분들이 이 결정에 동의한 것은 아니다. 치료자는 그가 부분들의 내적 불일치를 알아차리도록 도왔고, IFS 이론으로 들어가지 않고 부분들과 관계하도록 도와주었다. 어떤 내담자는 부분들에 대해 더 알고 싶어 하는 반면, 어떤 내담자는 그런 생각 없이 부분들과 관계를 맺고 작업에 들어간다.

언어의 역할

　만일 내담자가 '부분'이라는 용어를 사용하는 것에 반감이 있으면, 우리는 내담자가 사용하는 단어("난 화났어." "난 놀랐어." "난 두려워." "난 완전 실망했어." 등)를 사용해서 부분들을 편안하게 표현할 수도 있다. IFS 치료의 핵심은 이 모델에 대하여 우리가 지니는 자신감confidence이다. 따라서 우리는 치료자 자신이 먼저 IFS 훈련과 IFS 치료를 개인적으로 경험할 필요가 있다는 사실을 강조한다. 보편적인 조언이겠지만, 초보 치료자라면, 비교적 안정적이면서 이 모델에 흥미를 느끼는 내담자와 시작할 필요가 있다.

보호자들 드러내기

언어에 대한 마지막 주의사항: 때때로 치료에서 드러나는 것을 싫어하는 부분들이 나타날 수 있다. 만일 그렇다면 그러한 부분들에게 대화할 용의가 있는지 물어봄으로써 그들을 세심하게 존중해 주어야 한다. 다음의 사례를 보라.

내담자의 부분: 나는 부분이 아닙니다. 마크에게는 부분들이 없습니다.

치료자: 좋아요. 그에게 부분들이 있다면 그게 문제가 될까요?

내담자의 부분: 그에게 부분들이 있다면 문제가 되죠.

치료자: 어떤 것이 문제가 될지 물어봐도 될까요?

내담자의 부분: 무엇보다 병에 걸린 거죠. 그리고 둘째는 아무도 제게 그런 말을 하지 않았다는
　　　거죠.

> 치료자: 그렇군요. 맞습니다. 사과를 드립니다. 놀라게 할 의도는 없었어요. 부분들에 대해 얘기해
> 도 괜찮을지 아무도 물어보지 않았다는 얘기가 맞습니다. 당신에게 물어봤어야 했습니다.
> 하지만 물어보기 전에, 나는 부분들이 있다는 것을 질병으로 보지 않는다는 점을 말씀드리
> 고 싶습니다. 내 견해는 우리 모두가 많은 부분들을 갖고 있고 그건 좋은 점이라는 겁니다.
> 이제, 당신이 괜찮다면 물어보겠습니다. 이것에 대해 우리가 얘기해 볼 수 있을까요?
> * 여기서 치료자는 마크의 내면에서 주도권을 쥐고 있는 부분에게 직접 말하는 방식으로 이
> 동하고 있다.
>
> 내담자의 부분: 좀 더 얘기해 보세요.
>
> 치료자: 음, 내 경험으로는 나에게 부분들이 있고 다른 사람들에게도 마찬가지죠. 그래서 마크에
> 게 부분들이 있다면 그는 전적으로 정상 범위 안에 있는 것이죠. 하지만 우리가 부분들에
> 대해 대화할지 말지는 당신과 마크에게 달려 있어요.
> * 치료자는 보호 부분에게 직접 얘기하면서—마크를 3인칭으로 칭한다—자신이 마크를 병
> 리화하려고 시도하고 있지 않다는 걸 확인시켜 주고 있다.
>
> ∞
>
> 이 대화에서 보듯이, 우리는 내담자를 부분과 대화하도록 안내할 뿐 아니라, 필요에 따라 언제든
> 부분들에게 직접 얘기할 수도 있는데, 이 기법을 직접 접속이라고 부른다.

트라우마 전문 치료

대부분의 트라우마 전문 치료trauma-informed therapies와는 달리 IFS는 트라우마 기억을 검토하고 통합하기 전에 일어나는 정서 조절 및 대인관계 기술에 초점을 둔 단계들을 분류하지 않는다. 대신에 "IFS는 정신적 부분들은 관리될 필요가 없는 동기화되고 목적을 가진 내면 공동체를 구성하고 있다는 전제에서 출발한다. 우리는 이 공동체에 관심과 호기심을 제공한다. 그러면 부분들은 관찰자에게는 일관되게 불합리하고 파괴적으로 보일 수 있는 자신들의 행동이 내담자에게 유익하다고 믿는 이유를 설명해 준다."(Anderson & Sweezy, 2016)

우리는 방법론과 목표를 가지고 있다. 즉, 보호자들을 돕고, 추방자들을 도우면서 내면체계 안의 모두를 참나 리더십을 통해 조화롭게 만드는 것이다. 만일 우리가 추방자와 추방자를 둘러싼 보호자들을 마치 별개의 정신적인 벌집을 형성한 것처럼 생각해 본다면(이러한 벌집은 많이 있다), 우리는 추방자를 억류된 여왕벌로 보는 반면에 보호자는 안전과 더 큰 이익을 위해서 기꺼이 엄청난 자기희생을 하는 매우 많은 숫자의 정신적 차원의 일벌로 본다. IFS에서 우

리는 이러한 정신의 벌집들을 한 번에 하나씩 돕는다. 그리고 첫 번째 단계(다음에서 '6F'로 설명함)는 일벌들과 친해지는 데 관여한다.

보호자가 속도를 결정한다

IFS 치료는 보호 부분들과의 6F 단계들(67~68쪽 참조)을 통해서 시작한다. 그런 다음, 우리는 짐을 목격하고 추방자의 짐을 내려놓게 해주는 치유단계로 이동한다. 내면체계의 신뢰를 얻기 위해 우리는 다음에 기술된 단계들을 반복할 필요가 있는데, 때로는 추방자와 직접 의사소통을 하기 위해 보호 부분의 허락을 얻는 데 수주에서 수개월이 걸린다. 트라우마가 깊을수록 더 오래 걸릴 수 있다.

먼저 당신의 체계와 친해지라

초기에는 목표 부분에 대해 익숙해지기 전에, 먼저 당신의 전체 내면체계와 인사를 나눌 것을 권한다. 다음은 당신의 부분들에게 당신을 소개하기 위한 두 가지 실습과 한 가지 명상이다.

- 첫째, 모든 부분들을 환영하는 것이 포함된다.
- 둘째, 참나 에너지가 체계에서 인기 없는 보호자들과 접속하도록 돕는다.
- 셋째, 당신이 내면으로 들어가서 자신의 부분들을 알아차리고 가용한available 상태가 되는 명상을 한다. 사람들은 대개 하나의 감각을 통해서 각각 자신의 부분들을 다르게 경험한다. 부분들은 우리에게 생각, 느낌, 감각으로 나타날 수 있다. 어떤 사람은 부분들의 소리를 듣고, 또 어떤 사람은 부분들을 시각적으로 보고, 또 다른 사람은 부분들을 정서적으로나 신체적으로 느낀다.

부분들은 모두 환영받는다

"부분들은 모두 환영받는다."라는 IFS 신조의 단순함이 모든 부분들을 환영하기 위해 요구되는 용기와 참나 에너지에 대한 착각을 일으킬 수 있다. 슈워츠는 2013년에 다음과 같이 썼다.

참나가 이끄는 치료자는 은연중에 내담자에게 초대장을 보낸다. "부분들은 모두 환영받는다!" 그러면 그들 정신의 가장 어두운 구석으로부터 내담자들의 모든 광적인 영광 속에 숨겨진 측면들이 드러난다. 그것은 좋은 일이다. 치료에서 불가피한 현실은 우리가 아무리 잘해도 일부 내담자들은 온갖 종류의 도발적인 일들을 하리라는 것이다…… 내담자들은 저항하고, 화를 내며 비난하고, 대단히 의존적으로 되며, 끊임없이 말하고, 회기와 회기 사이에 위험하게 행동하고, 심각한 취약성을 보이며, 우리를 이상화하고, 그들 자신을 공격하고, 엄청난 자기애와 자기중심성을 드러내 보일 것이다(Schwartz, 2013, p. 11).

내담자의 극단적인 보호자들 또는 추방자들과 직면하여 연민 어린 현존을 회복하는 능력은 훌륭한 IFS 치료자의 필수불가결한 요소이다. 보호자들은 고통을 차단하려는 그들의 시도가 항상 큰 희생을 치르고야 마는 실패로 끝나고 만다는 사실을 우리가 지적하는 것을 원하지 않는다. 그들은 그것을 알고 있다. 우리는 그들이 하는 일의 결과를 설명하는 대신에 그들의 목표에 대해 묻는다. 그들이 내담자를 위해서 원하는 것은 무엇인가? 그리고 우리는 그들의 노고뿐만 아니라 그들의 긍정적인 의도에 감사를 표한다.

실습 부분들은 모두 환영받는다

지침: IFS에서 우리의 신조는 "부분들은 모두 환영받는다!"이다. 다음은 당신의 모든 부분들을 환영하도록 도와주는 실습이다.

당신의 주의를 내면으로 향하고 다음의 문구들을 제공하기 시작한다.
　"나는 도움이 필요한 이는 누구든지 돕고 싶어. 그렇게 하기 위해서 나는 너의 모든 것을 알 필요가 있어."
그런 다음, 다음의 정보를 제공하라.
　"만일 네가 나를 압도하게 되면, 나는 너를 돕기 위해 그곳에 있을 수가 없어."
그리고 다음과 같이 요청하라.
　"나를 압도하기보다 나와 함께 여기 있어 주기 바라. 준비가 되면, 네가 누구인지 나에게 알려 줘. 그러면 나는 그것을 여기에 적을게."

내면에서 당신이 듣거나 보거나 감지하는 부분들(생각, 감정, 감각)을 다음에 적는다.

_____

_____

_____

_____

_____

_____

_____

_____

_____

_____

_____

_____

실습 **평판이 나쁜 부분들 알아가기**

지침: 우리가 목표 부분target part을 선택하면, 그 부분과 소통하기 위해서 사실상 다른 모든 부분들의 허락이 필요하다. 어떤 부분이 반대하는지 알아내기 위해서, 우리는 내담자에게 "이 부분에 대해서 어떻게 느끼세요?"라고 질문한다. 반발하는 부분들을 알아내면, 그들에게 분리(즉, 탈혼합)할 것을 설득하고, 목표 부분과 계속해서 진행할 수 있도록 설득한다. 어떤 목표 부분들은 유난히 극단적이고 평판이 좋지 않아서 큰 반작용을 불러일으킨다. 이번 실습은 평판 나쁜 부분들을 알아가기 위한 것이다.

목표 부분을 발견한 다음, 그것을 적는다(원한다면, 그림을 그리기 위한 여분의 종이를 사용하기).

_____

_____

_____

이 부분에 대한 당신의 느낌을 알아차리면서 모든 감정 목록을 만든다.

_____

_____

_____

_____

_____

이 작업을 혼자서 하고 있다면, 각각의 반발 부분을 체화하고, 반발 부분이 하는 것을 허용하고 (즉, 당신의 자세와 몸짓들을 지시하는 걸 허용하고), 또 반발 부분이 원하는 것을 소개하는 방식으로 말하게 한다.

그리고 부분에게 묻는다. "(목표 부분을 향하여) 너는 왜 이런 식으로 느끼니?"

이해가 된다면 물어본다. "내가 (목표 부분에 대해) 알아 가고, 이 문제를 도울 수 있다고 믿니?"

'아니요'라고 대답하면, 물어본다. "내가 너를 더 잘 알 수 있게 해 줄래?"

'예'라고 대답하면, 그 부분에게 감사를 표하고 다음 부분으로 넘어간다. 당신이 모든 부분에게 허락을 얻을 때까지 계속한다.

목표 부분에게 돌아가서 묻는다.
- "내가 너에게 아주 강렬하게 반응하는 부분들과 교섭하는 걸 봤니?"
- "너한테 어떻게 보였어?"
- "네가 하는 일과 네가 도우려고 했던 방법을 알기 위해서, 너는 내가—그리고 부분들이—무엇을 알아주길 바라니?"
- "네가 이 일을 그만둔다면 무슨 일이 일어날 것 같니?"
- "우리가 그 부분을 도울 수 있다면, 네가 이 일을 계속할 필요가 있을까?"

마지막으로, 보호자가 지명한 이면에 놓인 문제(그 부분)로 돌아가서 도우려는 계획을 세운다.

명상 **내면으로 들어가 부분들 확인하기**

지침: 다음의 안내를 따라 하되, 필요에 따라 맞게 조정한다. 당신이 알아차린 것들을 기록하거나 녹음하는 게 필요할 수도 있다.

- 편안한 자세를 취합니다.
- 의자에 기댄 등과, 바닥에 닿아 있는 발, 그리고 지면과의 접촉을 알아차립니다.
- 편안하다면, 눈을 감고 두어 차례 심호흡을 합니다. 알아차립니다.
- 주의를 내면으로 돌려서 나타나는 생각이나 감정, 감각들을 알아차립니다.
  - 신체감각을 알아차릴 수도 있습니다. 어떤 것은 즐겁고, 또 어떤 것은 즐겁지 않을 수 있습니다.
  - 하나의 감정 또는 많은 감정들을 느낄 수도 있습니다.
  - 하나의 생각을 들을 수도 있고, 많은 생각들이 서로 다투는 것을 들을 수도 있습니다.
  - 내면에서 공허함이나 몽롱함을 느낄 수도 있습니다. 괜찮습니다.
- 마음이 당신을 분산시키고, 당신의 초점을 감각, 감정, 생각에서 멀어지게 하는 것을 알아차릴 수도 있습니다.
- 무엇을 알아차리든 그것에 호기심을 갖습니다.
  - 그 부분은 당신이 무엇을 알기를 원하나요?
  - 그 부분은 당신을 위해 무엇을 붙잡고 있나요?
- 가능하다면, 설령 당신이 알아차린 것이 부정적인 것일지라도 나타나 준 것에 감사를 보냅니다.
- 그 부분이 당신의 감사에 어떻게 반응하는지 알아차립니다.
- 준비가 되었다고 느끼면, 실습을 마칩니다.

몇 분 동안 당신의 주의를 내면에 집중했을 때, 당신의 에너지가 어떻게 이동했는지 알아차립니다. 더 평온해졌는가, 더 평화로워졌는가, 아니면 더 불안해졌는가?

6F: 참나와 보호 부분들을 분리하기 위해서 우리가 사용하는 단계들

처음 세 단계(발견하기, 초점 두기, 구체화하기)는 분리를 돕는 데 관여한다.

1) 발견하기 Find: 몸 안, 표면, 또는 주변에서 부분을 발견한다.
- 누가 지금 당신의 주의를 필요로 하는가?
- 그것을 어디에서 알아차리는가?

2) 초점 두기 Focus: 그 부분에 초점을 둔다.
- 주의를 내면으로 향한다.

3) 구체화하기 Flesh: 그 부분을 구체화한다.
- 그 부분을 볼 수 있는가?
  - 그렇다면 그 부분은 어떤 모습인가?
- 볼 수 없다면, 그 부분을 어떻게 경험하는가?
  - 그 경험은 어떠한가?
- 그 부분과 얼마나 가까이 있는가?

4) 느끼기 Feel: 그 부분에 대해 어떤 느낌이 드는가?
- 이 질문은 참나 에너지를 측정하는 도구가 된다. 어떤 답변이든 '8C'에 속하지 않는다면 제2의 부분이 우리의 생각에 영향을 미치고 있다는 걸 의미한다.
  - 우리는 제2의 부분에게 기꺼이 긴장을 풀고, 우리가 목표 부분과 대화할 수 있도록 허용해 줄 것인지 물어본다.
  - '만일 긴장을 풀려고 하지 않는다면', 우리가 알아야 할 어떤 것이 있는지 물어본다.
  - 이 과정은 우리를 제2(또는 제3, 제4…) 목표 부분으로 안내할 수 있다.
- 반발 부분들은 보통 자신들의 얘기가 전달되고 인정받는다고 느끼고 싶어 한다. 우리는 부분들이 우리에게 목표 부분을 알아 가도록 기꺼이 허용할 때까지 그들과 함께 머문다.
- 일단 그들이 동의하면, 우리는 내담자에게 물어본다. "지금 그 (목표) 부분에 대해 어떤 느낌이 드시나요?"

5) 친해지기befriend: 부분에 대해 더 많은 것을 발견함으로써 친해지기

- 다섯 번째 단계는 목표 부분에 대해 알아 가면서 우호적인 관계를 발전시키는 데 관여한다. 이
  것은 내적(참나를 부분과), 외적으로(부분을 치료자와) 관계를 구축시켜 준다.
  - "그 부분은 어떻게 이 일을 하게 되었나요?"
  - "이 일은 얼마나 효과가 있나요?"
  - "그 부분이 이런 일을 할 필요가 없었다면, 어떤 일을 했을까요?"
  - "그 부분은 몇 살인가요?"
  - "그 부분은 당신이 몇 살이라고 생각하나요?"
  - "당신이 알아주기를 바라는 것이 더 있을까요?"

6) 두려움 탐색하기 Fears: 이 부분이 두려워하는 것은 무엇인가?

- "그 부분은 당신에게 무엇을 원하나요?"
- "그 부분이 지금 하고 있는 이 일을 그만둔다면, 어떤 일이 일어날까요?"

이 핵심 질문들은 숨어 있는 어떤 양극화를 드러낼 것이다.

"만일 내가 불안해하는 것을 멈춘다면, 자살 부분이 장악할까 봐 두려워요."

또는 자신이 보호하는 추방자가 드러날 것이다.

"만일 내가 불안해하는 것을 멈춘다면, 제인이 오롯이 혼자 있다고 느끼고, 무가치함을 느낄까 봐
두려워요."

내담자의 보호자들 알아 가기: 내면 소통 또는 직접 접속 사용하기

이 책에서 우리는, 당신이 보호 부분들을 발견하고 그 부분들과 대화를 나누는 당신의 능력을 촉진하는 것이 우리의 목표이다. 다음 두 절에서 우리는 6F의 단계들을 부분들과 소통하는 두 가지 주요 전략을 결합하는 방법을 보여 줄 것이다. 두 가지 주요전략은 '내면 소통'(즉, 내담자의 참나와 부분들 사이의 의사소통, 다른 말로는 내적 통찰)과 '직접 접속'(보호자들이 분리해서 내면 소통을 허용하는 것이 충분히 안전하다고 느끼지 못할 때에 사용되는 필수적인 방법)을 말한다. 우리는 내면 소통을 먼저 시도한다. 왜냐하면 내면 소통이 보다 빠르게 내담사의 참나를 이끌어 내기 때문이다. 그러나 내담자가 내적으로 참나에 접속하지 못해서 내면 소통이 가능하지

않을 경우에는, 내면 소통 대신에 직접 접속을 사용한다. 두 절에서 우리는 주석을 첨부한 두 가지 사례, 즉 당신이 개인적으로 또는 내담자와 함께 연습해 볼 수 있는 실습들과 신경과학 관련 내용들을 제공한다.

〈내면 소통 vs. 직접 접속〉

내면 소통(내면 통찰)	직접 접속	다루어야 할 문제
내담자의 부분들	내담자의 부분들	내담자의 부분들
내담자의 참나		
치료자의 참나	치료자의 참나	치료자의 부분들

이 책 뒷부분에서 우리는 '짐 내려놓기' 과정을 예시한다. 이 과정은 내담자의 참나가 추방자들과 함께 거치는 일련의 단계들에 관한 것이다. 하지만 당신이 보호자들을 발견하거나 그들과 이야기를 나누고 있는데 만일 어느 순간에 추방된 부분이 일어난다면, 우리는 당신에게 IFS 사용을 그만둘 것을 강력히 권고한다. 보호자에 대한 잘못된 처리는 일어난 일에 대한 진심어린 걱정과 관심 그리고 사과할 용의가 있을 때 바로잡을 수 있게 된다. 하지만 추방자와의 과정이 잘못되면 보호체계의 경각심을 높이고, 내담자에게 시간과 에너지, 고통이라는 많은 비용을 지불하게 할 수도 있다. 그러므로 만약 당신이 취약하고 상처 입은 부분들과 만나게 되면, 당신이 IFS 모델의 공식 훈련을 더 받을 때까지 당신이 하던 전형적인 치료접근법으로 진행할 것을 강력히 권고한다.

6F 분해하기

처음 세 단계에서의 탈혼합 작업

IFS에서 우리는 보호자들을 설득하여 그들이 탈혼합(분리)해서 내담자의 참나가 취약한 부분들에 접속하고 치유할 수 있도록 그들의 허락을 얻는 것을 목표로 한다.

다음의 두 사례는 우리가 어떻게 목표 부분을 발견하고, 그것에 초점을 두고 구체화시키는지를 보여 준다—이 모든 단계는 부분들이 탈혼합(내담자의 참나를 위한 공간 만들기)을 해서 우리가 내면의 소통(내담자의 참나가 부분과 대화하기)을 계속 진행할 수 있도록 부분을 격려한다.

보호자의 탈혼합을 돕는 세 단계

앨리스의 부모는 행복하지 않은 결혼을 했고 자신들 위주여서 앨리스를 방치하였다. 맞벌이를 하는 앨리스의 부모는 여러 군부대를 전전하면서, 앨리스와 어린 여동생만 집에 남겨 두곤 하였다. 앨리스가 네 살 때 아버지 친구가 아이들만 있는 집에 와서 욕실에서 앨리스를 성추행하였다. 게다가 아동기 시절에 종종 깐깐하고, 언어적·신체적으로 폭력적인 외할머니와 함께 지내곤 했는데, 이것이 앨리스를 공포에 떨게 만들었다. 앨리스의 주요 보호자들 가운데는 가혹한 비난자, 폭식증 환자, 해리성 부분이 포함되어 있었다.

목표 부분 발견하기

치료자: 당신의 정신세계에서 얼마나 많은 시간과 공간을 그 비난자가 차지하고 있나요?

앨리스: 아, 그는 대부분을 차지해요. 70% 정도. 그리고 안개가 나머지를 차지하죠. 음식과 관계된 부분은 제 머릿속에는 그렇게 많지 않아요. 그냥 먹어요.

    * 내담자가 비난하는 부분에 대해 성별을 부여한다.

부분에 초점 두기

치료자: 내가 보기에 비난하는 부분이 안개와 먹는 부분에 강력한 영향력을 미치는 것 같은데, 그들도 동의할까요?

앨리스: 네.

치료자: 먼저 비난 부분과 이야기를 나눠 보아도 될까요?

    * 허락 구하기

앨리스: 그는 재미없어요.

치료자: 그래서 다른 부분들이 그를 싫어하나요?

    * 인정해 주기, 그리고 내면의 관계들에 대해 호기심 갖기

앨리스: 그들은 비난자를 무서워해요.

치료자: 그럴 것 같아요. 그들이 당신이 비난자와 이야기하도록 허락해 줄까요?

    * 내담자에게 참나(당신)가 있음을 확고히 하기

앨리스: 좋아요.

부분 구체화하기

치료자: 당신은 어디에서 비난자를 알아차리나요?

앨리스: 내 목구멍에서요.

> * 앨리스의 비난자인 관리자는 그녀의 목구멍 속에 살고 있다. 안개와 폭식 부분은 수치심을 주는 비난자로부터 앨리스의 주의를 분산시킨다. 이들은 소방관들이다.

∞

다음은 보호 부분을 발견하고, 초점 두고, 구체화하는 또 다른 사례이다.

발견하기

치료자: 당신은 여자 친구에게 화가 난 부분과 그녀를 잃을까 봐 두려워하는 또 다른 부분이 있다고 들었습니다.

엔조: 네.

치료자: 누가 먼저 당신의 관심을 필요로 하나요?

엔조: 화난 부분요.

초점 두기

치료자: 내면으로 들어가서 화난 부분이 몸의 안쪽, 피부, 주변 어디에 있는지 알아차려 보세요.

엔조: 팔과 손에 있어요.

구체화하기

치료자: 그 부분에 대해 무엇을 알아차려지나요?

엔조: 그는 권투 선수 같아요. 그는 권투 장갑을 끼고서 '난 준비됐어.' 하는 자세로 바로 내 코앞에 있어요.

> * 엔조는 자신의 팔과 손에서 권투 선수 보호자, 즉 여자 친구의 비난에 사후 대응하는 소방관을 발견한다.

∞

이 사례들에서 보듯이, 부분을 발견하고, 거기에 초점을 두고, 부분을 구체화하는 것들은 모두 탈혼합을 촉진하는 단계들로서, 탈섞임 없이는 내담자의 참나와 부분 간의 내면 소통이 불가능하다.

부분들의 탈혼합 돕기: 외현화 기법

이 주제를 상세히 기술하자면 책 한 권이 필요하다. 따라서 우리가 다음에 목록화를 해 놓은 아이디어들로는 충분하지가 않다. 외현화externalizing하는 것은 부분들의 분화에 도움을 준다. 많은 내담자들은 주의를 안으로 돌려서 부분들과 소통하기 위한 그들과의 분리를 충분히 해낼 수 있다. 한편 어떤 내담자들, 특히 트라우마 이력이 있는 내담자들은 보호자들에 의해 굳게 가로막혀 있기 때문에, 그들의 내적 경험에 주의를 기울이게 할 경우, 주의가 분산되거나 또는 해리될 것이다. 이들에게는 외현화 기법이 특히 유용할 수 있는데, 수많은 소도구들 가운데 하나를 선택하여 실행해 볼 수 있다―당신의 상상력과 창의성을 발휘해 보라.

우리가 외현화하는 도구를 사용하는 것이 서로 다른 만큼, 당신에게 적합한 것을 알아보기 위해서 당신이 이러한 선택지들을 가지고 놀아 볼 것을 추천한다. 우리는 또한 우리의 내담자들에게 그들의 창의적 관심사와 기술들을 요청하기도 한다. 무용수는 실제 움직임 또는 마음의 눈으로 움직이는 것을 사용할 수 있다. 시각적 예술가들은 그림을 그리거나 페인트 또는 접합제나 찰흙으로 조각을 하고 싶을 수 있다. 직물 예술가들은 바느질이나 뜨개질을 원할지도 모른다.

그리고 물론 드로잉, 색칠, 조각, 춤 또는 마음챙김 움직임과 같은 다른 형태를 실행하는 치료자들은 새로운 시도에 개방적인 내담자와 (그들이 훈련을 받았는지 여부와 상관없이) 이러한 활동들을 진행하는 것에 특별히 관심을 가질 수(그리고 잘할 수) 있다(McConnell, 2013).

어떤 IFS 치료자들은 특히 보호자들을 알아 가는 것에 중점을 두는 치료 초기에 칠판을 사용할 것이다. 내면의 관계를 묘사하는 것은 여러 가지 유익한 효과가 있다. 즉, 내담자의 복잡한 내면세계가 칠판 위에서 외현화되고 보다 구체적으로 만들어질 때, 내담자는 알아차리고, 경청하고, 차분히 생각하고 연결된다. 이러한 탐색은 존중하는 태도로 호기심을 실연하는 것으로서, 내담자의 체계를 보여 주고 이해받도록 하기 위한 열린 초대이다. 또한 그것은 양극성의 편재ubiquity를 보여 주고, "이 부분은 어떤 부분이 보호하나요? 이 부분이 이런 식으로 보호하는 것을 그만둔다면 어떤 일이 일어날까요?"라는 가장 중요한 질문들을 하면서 치료자로 하여금 갈등하는 양쪽의 균형 잡힌 노력에 존중을 표하는 기회를 준다. 이러한 질문들은 보호받고 있는 추방자를 드러낸다.

보호자들이 주의를 분산시키려고 단단히 결심을 했을 경우, 모래상자 장난감들(중고판매에서 수집할 수 있고, 모래상자와 함께 또는 모래상자 없이 사용할 수 있다)은 내담자가 재미있게 참여하도록 도울 수 있다. 어떤 부분이 작은 인형 속에 놓이고, 외부 존재―작은 존재―로 취급될 때, 그런 식으로 과장하여 표현된 인형들은 두렵게 만들거나 압도시키지 않으면서도 무섭거나, 웃기거나 슬플 수 있다. 괴물들은 통제가 가능해지고 대화에 초대된다. 어떤 종의 아기들이든 손바닥에 두고 귀여워할 수도 있고, 무릎 위에 올려놓고 살랑살랑 흔들어 줄 수도 있다.

부분들 외현화하기

톰은 저소득층을 위한 주택단지에서 자랐다. 그는 삼형제 가운데 가장 어렸고, 어머니는 두 군데서 일을 하였다. 우체국에서 일했던 아버지는 알코올중독자였는데 가끔 집에 들렀다. 아버지가 돌아오면 어머니는 아버지와 언쟁을 했고, 때로는 아버지가 다시 집을 나갈 때까지 몸싸움을 하며 다퉜다. 톰은 아주 가끔 술이 취하지 않은 아버지와 마주치곤 했는데, 그때의 아버지는 자신을 어루만져 줄 것 같지 않은 냉정하고 불안한 한 남자로 보였을 뿐이었다. 반대로 그가 자주 보았던 술에 취한 아버지는 재미있고 다정했다.

　한편 톰의 형들과 이웃 아이들은, 톰이 나이에 비해 작다는 이유로 자주 괴롭히곤 했다. 톰이 치료에 왔을 때 그는 장애가 있었는데, 헤로인을 중단한 지는 4년 되었고, 옷은 마치 오토바이 폭주족처럼 입고 있었다.

　톰은 담당 정신과 의사의 권유로 치료를 받으러 왔다. 톰은 종종 지각을 했는데, 그렇게 지각한 회기의 절반은 놓치곤 했다. 톰은 받고 있는 알코올 상담 훈련 프로그램에 압도감을 느꼈다. 그리고 약물사용에 대한 충동과 싸우고 있었기 때문에 AA나 NA에 가게 되면 약물을 구입할 계기가 될까 걱정했다. 그의 부분들이 분리하지 않으려고 해서 대부분의 회기에서 치료자는 직접 접속을 사용해 그의 부분들과 대화를 나눴다. 3개월 뒤 톰은 자신이 회기 이후에 더 나빠졌다고 느꼈고 치료를 계속하는 것이 좋은 생각인지 확신이 없다고 말했다. 왜냐하면 헤로인에 대한 충동이 점점 강해졌기 때문이다.

치료자: 말해 줘서 고마워요. 함께 전체적으로 한번 살펴볼까요? 회기 중에 당신이 명상센터에 가길 바라는 부분, 하루 종일 잠을 자게 만드는 부분, 수업에서 낙제할 거라고 생각하는 부분, 몸에 안 좋은 음식들을 많이 먹는 부분에 대해 우리가 얘기했었죠. 그 부분들 모두 당신을 학교에서 애쓰는 외로운 아이, 다른 애들에게 괴롭힘을 당하는 아이로 생각해요. 그리고 그 부분들은 거기에 부분들이 아닌, 내면의 힘을 가진 톰이 있다는 것에 대해 믿지 않죠, 맞

나요? 그런 가운데 헤로인을 쓰는 그 친구는 이 모든 것을 멈추는 방법을 알고 있다고 당신에게 말합니다. 확실한 방법이라는 거죠, 전에 해 봤으니까요. 나는 그에게 질문이 있어요. 그가 뭔가 새로운 방법을 시도해 볼 생각은 없나요? 그럴 용의가 있다면, 먼저 그가 당신을 만났으면 좋겠어요. 부분이 아닌 톰을 말입니다.

* 톰은 침묵하면서 잠시 창밖을 내다본다.

톰: 내키지는 않지만 그렇게 하죠.

* 치료자는 그의 의자 앞으로 작은 탁자 두 개를 당겨서는 그 위에 장난감 인물 상자를 올려놓는다.

발견하기, 초점 두기, 구체화하기를 동시에 진행

치료자: 헤로인을 하는 부분에게 여기에서 자신을 대표할 수 있는 것을 선택하라고 요청하세요.

* 톰은 인형들을 주의 깊게 살펴본다. 거기에는 괴물부터 아기 동물, 어린아이, 갓난아기까지 온갖 종류가 다 있다. 톰은 괴물을 집었다. 괴물은 겁을 주기 위해서 커다란 입을 크게 벌리고 팔을 허공에서 어른거리고 있었다.

톰: 이게 그예요.

치료자: 탁자 위에 어디든 그가 있고 싶어 하는 곳에 두세요. 그에게 어떤 느낌이 드나요?

톰: 그는 나를 무섭게 해요. 그리고 나는 그를 아주 많이 좋아해요.

치료자: 그 두 부분들에게도 자신들을 대표할 만한 인형을 선택하게 하세요.

* 톰은 두 개의 인형을 선택한다. 어린 양 그리고 팔다리가 기워진 키 큰 여자. 그녀는 프랑켄슈타인과 좀비의 혼합처럼 보인다.

치료자(계속): 당신이 그에게 얘기하는 동안 이들은 어디에 있고 싶어 하나요?

톰: 이건 내 뒤에 있고 싶어 합니다.

* 톰은 어린 양을 집어서 자신의 등 뒤 의자 위에 놓는다.

톰(계속): 이건 헤로인을 하는 부분 바로 옆에 있고 싶어 하네요.

* 톰은 프랑켄슈타인-좀비 여성을 괴물 옆에 둔다.

부분을 향해 느끼기

치료자: 이제 그 헤로인 친구에 대해 어떤 느낌이 드나요?

톰: 슬퍼요. 그는 피해를 참 많이 주었어요. 하지만 나는 그가 단지 도우려고 했다는 것을 알아요.

치료자: 그가 어떻게 반응하나요?

톰: 당혹스러워하네요. 그는 내가 누구지 모릅니다.

친해지기

치료자: 당신이 그가 보호하는 부분들을 도울 수 있다는 사실에 그가 관심을 가질지도 몰라요.

톰: 내가 지금까지 일을 형편없이 했다고 그가 말하네요.

치료자: 어쩌면 그 역시 여기에 관심이 있을 수 있어요. 어떤 부분이 당신을 장악했을 때 당신은 거기서 도울 수가 없어요. 당신이 도울 수 있으려면, 모든 부분들이 당신에게 공간을 마련해 주는 데 동의해야 해요. 그가 제일 먼저 그렇게 하는 건 어때요? 만일 어떤 다른 부분들이 끼어들면, 우리는 또한 그들에게 당신을 위한 공간을 만들어 달라고 요청할 겁니다.

톰: 선생님이 어떤 게임을 하려는 것인지, 그가 궁금해하네요.

치료자: 좋아요. 아주 좋은 질문이군요. 그에게 우리가 그를 제거하려는 것이 아니라는 걸 알려 주세요. 나의 목표는 당신의 모든 부분들이 기분이 더 나아지는 겁니다. 물론 헤로인 친구를 포함해서요. 그는 이 모든 것을 그만두고 그가 원하는 다른 어떤 것을 할 수도 있어요. 그가 좋아하나요?

톰: 아마도요.

치료자: 우리가 그에게 무엇이 가능한지를 보여 주는 걸 그가 허락할까요?

톰: 그는 자신이 어디론가 보내지지 않을 거라는 사실을 우리가 보장하는 한, 한번 시도해 보게 할 겁니다.

치료자: 아주 좋습니다. 어떤 부분이 제일 먼저 당신의 주의가 필요한지 묻는 걸 그가 허락해 준 건가요?

　* 허락 구하기

톰: 네.

∞

톰의 취약한 부분(추방자)뿐만 아니라 톰이 매우 염려하는 보호자(소방관), 즉 헤로인을 사용하는 부분을 발견하고, 초점을 둠으로써, 톰은 헤로인 부분이 분화를 시작하도록 도울 수 있었다. 이 것은 톰이 그 부분과 친해지고, 계속 진행할 수 있도록 허락을 구하는 데 도움이 되었다.

이 짧은 장면에서 보듯이, 부분들을 외현화하는 것은 부분들이 탈혼합해서 내담자의 참나를 알아차리도록 부분들을 격려했다. IFS 치료자들은 창의적인 외현화 전략들을 취하면서 종종 그들 자신에게 잘 맞는 방법을 발견한다. 다른 선택으로는 컬러 스카프, 다양한 모양과 크기의 베개들, 동물 인형 또는 한 부분의 정체성을 적을 수 있는 종이 접시들이 있다. 부분들의 외현화에 관한 한, 우리는 창의적으로 새로운 선택들을 고안할 기회가 있다.

실습 📖 목표 부분을 발견하기, 초점 두기, 구체화하기

지침: 이 실습은 목표 부분을 발견하는 과정을 당신과 함께 해 나간다. 다음의 지시문을 전화기나 다른 기기에 녹음해서 들을 수도 있다. 주의를 내면으로 돌리는 것으로 시작한다.

- 숨을 천천히 쉰다.
- 부분들에게 그들 모두를 위한 공간이 있다는 것을 상기시킨다.
- 감각, 감정, 생각을 알아차린다.
  - "누가 내 주의를 필요로 하는가?"라고 묻는다.

그것을 적는다.

_____

_____

- 계속해서 관찰하고, 인내하며, 나타나는 것을 알아차린다.
- 혹시 어떤 감각, 감정 또는 생각들이 대수롭지 않거나 실제가 아닌 것처럼 내면에서 의도적으로 묵살되고 있는지 알아차린다.

그렇다면, 당신을 이런 식으로 몰고 가려는 그 부분에 대해 호기심을 갖기 시작한다. 그것을 적는다.

_____

_____

_____

그렇지 않다면, 당신의 시작점으로서 무엇이든 가장 먼저 마음에 떠오르는 것을 선택한다. 이 부분(감각, 감정, 생각)이 당신의 몸 안, 표면, 또는 주변 어디에 자리하고 있는지 알아차린다.

- 그 부분이 보이나요?
- 느껴지나요?
- 들리나요?
- 다른 방식으로 감지되나요?

당신이 알아차린 것을 적는다.

_____

_____

_____

지난 주 목표 부분 기억하기

우리가 아주 치료 초기에 있든, 중간에 있든 관계없이 우리는 목표 부분을 발견하고, 초점을 두고, 구체화하는 단계들을 계속해서 반복적으로 거친다. 그러나 치료회기에 임의의 시간 제약이 있기 때문에, 일단 치료가 시작되고 매주 진행을 하다 보면, 간혹 한 회기 안에서 특정 부분을 돕는 일을 마치지 못할 수 있다. 그러면 우리는 다음 회기에 다시 그 부분에서부터 시작한다. 그렇게 하지 않으면 치료의 흐름을 방해할 수 있고, 신뢰를 쌓아 가려는 보호자들을 힘에 부치게 할 수 있다. 일관성이 아동기의 삶에서 중요하듯이, IFS 치료에서도 일관성은 중요하다.

우리는 내담자와 합세해서 한 부분으로 되돌아가기 위한 의도를 설정한다. 고통을 차단하는 보호자들은 종종 내담자가 회기의 내용을 잊어버리도록 만들기 때문에, 우리는 내담자에게 회기의 내용을 녹음해서 주중에 들어볼 것을 요청할 수 있다. 그러나 다음 회기 시작에서 기억을 상기시키는 일은 어디까지나 우리의 몫이므로, 기록을 해 둔다. 만일 내담자가 계속해서 매주 다른 부분들을 꺼내 놓으면서 이전의 목표 부분으로 돌아가는 것을 거부하면, 그렇게 하는 사유를 말해 보도록 한다. 만일 내담자가 여전히 주제 변경을 고집하면, 왜 그러는지에 대해 호기심을 가지고, 이전의 목표 부분에게 우리가 나중에 다시 그 부분에게 돌아올 것임을 알린다. 관련된 부분들은 알아차릴 것이다. 우리가 믿을 만할 때, 우리는 신뢰를 얻는다.

이전 주의 부분으로 일관되게 돌아가기

치료자: 할머니에게 심하게 비난받았던 부분으로 돌아가기 전에 우리가 간단하게 언급할 필요가 있는 것이 있을까요?

메건: 아, 네. 잊고 있었어요.

     * 보호자

치료자: 우리가 그녀에게 되돌아오겠다고 한 것을 기억하시나요?

메건: 그랬나요? 지금 그런 모두 것들이 오래 된 일처럼 느껴지네요. 빌리와 말다툼을 해서 지금 그와 다시 데이트를 해야 하는지 고민하고 있어요. 지금 당장은 그게 훨씬 더 중요하게 느껴져요.

* 보호자는 주제를 바꾸고 싶어 한다.

치료자: 그게 왜 더 중요하게 느껴지는지 이해가 갑니다. 시간을 나누어서 먼저 우리가 지난주에 이야기했던 열 살 아이와 만나 보는 건 어떨까요?

* 교섭하기

메건: 전부 다루기에는 시간이 충분할 것 같지 않은데요. 빌리와의 관계를 어떻게 할지 고민하는 것이 정말 필요해요.

* 보호자

치료자: 이해할 수 있습니다. 하지만 문제가 하나 있어요. 당신이 약속을 이행하지 않는다면, 당신의 부분들이 당신을 신뢰하지 않게 될 거예요. 그래서 나는 둘 다 하기를 원하는 겁니다.

* 인정해 주기, 그리고 보호자에게 지난주의 그 부분에게 되돌아가는 것의 중요함을 주장함

메건: "그건 좋지 않은 생각이야!" 방금 이런 말을 들었어요.

치료자: 정말요? 왜 그런지 우리가 물어볼 수 있을까요? 만일 이 부분이 당신에게 지난주의 열 살 아이와 대화하도록 허락한다면 무슨 일이 일어날까요?

* 보호자의 두려움 확인하기

메건: 내가 압도될 거예요. 이번 주에 직장에서 할 일이 많거든요.

치료자: 만일 그 열 살 아이가 당신을 압도하지 않겠다고 합의하면, 우리가 그녀와 다시 대화할 수 있을까요?

* 보호자의 두려움 다루기

메건: 좋아요. 단, 그녀가 합의한다면요.

∞

메건은 지난주에 만났던 추방자(열 살 아이)에 대해 이야기하고 있다. 보호자는 지난주부터 이어진 추방자의 감정에 의해 메건이 압도될까 봐 두려워하고 있고, 일련의 탐색을 진행하는 것에 저항하고 있다.

　그 보호자가 정서적인 압도에 대해 걱정하면서 지난주에 다루었던 목표 부분으로 그녀가 되돌아가는 것을 가로막고 있기 때문에, 치료자는 공손하지만 끈기 있게 저항을 탐색하고, 걱정을 다루어야 한다. 만일 그녀가 그렇게 하지 않는다면, 목표 부분은 버려진 느낌을 받을 것이다.

탈혼합 과정에서 보호자에게 최신 정보 제공하기

우리는 어린 부분들의 부모화를 뒤집는 작업을 한다. 성인 양육자들adult caretakers 안에 있는 추방된 취약성에 대하여 지속적인 책임감 속으로 끌려들어갔던 이러한 부분들은 어쩌면 책임감 있는 성인이라는 생각을 이해할 수 없고, 처음에는 종종 성인으로서의 내담자(그리고 치료자)에 대해 깊이 불신하게 된다. 그래서 우리는 예전에 거꾸로 된 돌봄의 서열을 뒤집으려는 우리의 의도를 강조한다. 보호자들이 억압적인 책임의식을 내려놓고 어린아이로 돌아가도록 돕기 위한 목적으로 우리는 종종 다음과 같이 작업한다.

1. 보호자에게 내담자가 몇 살이라고 생각하는지 질문한다. (그 대답은 대개 한 자릿수이다.)
2. 내담자의 참나를 보호자들에게 소개함으로써 내담자가 이러한 관념을 정정하도록 안내한다.

   또는: "그 부분에게 지금은 당신이 성장했다는 것을 알려 주세요. 그 부분이 당신을 볼 수 있나요? 그 부분이 당신의 삶을 둘러볼 수 있게 보여 주세요."
3. 보호자들이 추방자를 보호하듯이 내담자가 보호자에게 반복해서 도움과 사랑을 제공할 수 있도록 안내한다.

내담자의 생존을 위협하는 압도적인 경험들은 전형적으로 부분들과 내담자의 참나 사이에 틈을 벌려 놓는다. 트라우마를 경험한 보호자들은 일반적으로 참나가 트라우마 상황에서 무력했었고 또한 과거에 갇혀 있다고 믿는다. 내담자의 '오늘날의 참나'를 소개하는 것은, 보호자들에게 참나가 살아 있고 상처받은 추방자를 치유할 수 있다는 것을 보여 준다.

부분에게 최신 정보 제공하기

찰리: 나는 음식을 숨겨요. 그건 내가 봐도 괴상해 보여요. 남편은 내 사무실이나 탁자에서 머핀과 베이글을 발견하게 되면 꽤 이상하다고 생각하지만 그저 웃고 맙니다.

치료자: 그 부분이 현재 찰리 씨가 많은 음식을 소유하고 있다는 사실을 알고 있나요?

찰리: 엄마는 냉장고를 쇠사슬로 감고 자물쇠를 채웠어요. 우리는 언제나 배고팠어요. 나는 밤에

막냇동생과 함께 슈퍼마켓 뒤편에 가서 사람들이 버린 과일과 채소를 가져오곤 했어요.

치료자: 당신을 위해 음식을 챙겨 두는 그 부분이 이제 상황이 바뀌었다는 걸 알고 있나요?

찰리: 아뇨.

치료자: 그 부분에게 당신을 몇 살로 생각하는지 물어보세요. 그 대답을 검열하지 말고 그냥 나오는 대로 말해 보세요.

찰리: 이상하게도 열 살이라는 말이 들리네요. 정말 놀랍네요.

치료자: 그때가 당신 아버지가 돌아가신 때가 맞나요?

찰리: 맞아요. 그땐 정말 한동안 아무것도 가진 게 없었어요. 그해 늦여름 우리는 옆집 농부의 딸기를 숲속에서 발견하고선 훔치기도 했어요. 학기가 시작됐을 때, 엄마는 병원에 입원했고 우리는 위탁 가정에 맡겨졌죠.

치료자: 음식을 숨기는 부분에게, 부분이 아닌 당신을 알 수 있는 기회를 줘 봅시다. 그가 오늘날의 당신의 삶을 둘러보고 싶어 하나요?

찰리: 놀라워하네요. 그는 전혀 몰랐어요.

치료자: 당신은 음식에 대해 그에게 뭐라고 말해 주나요?

찰리: 우린 괜찮아. 그런 일은 다시 생기지 않을 거야. 그에게 우리 냉장고를 열고 닫는 방법을 보여 주고, 그가 원하는 건 무엇이든 살 수 있는 쇼핑 목록을 보여 주고 있어요.

∞

음식을 숨기는 찰리의 보호자는 찰리를 음식이 가득 찬 냉장고를 소유하고 있고 남편이 된 성인 남성으로 보지 않고, 여전히 굶주린 열 살 소년으로 본다.

　이 예시에서 살펴봤듯이, 부분들은 현재에 대해 온전하게 자각하지 못할 수 있기 때문에, 그들에게 최신 정보를 제공할 필요가 있다.

처음 세 단계: 보호 부분 발견하기, 초점 두기, 구체화하기

발견하기

- "요즘 어떤 부분이 당신의 주의를 필요로 하나요?"라고 묻는다.
- 또는 내담자의 말을 경청한다.
- 당신이 들은 주요한 주제들을 다시 말한다. (또는 칠판에 적는다.)
- "그 부분들 중에서 누가 가장 먼저 당신의 주의를 필요로 하나요?"라고 묻는다.

- 내담자에게 내면으로 들어가서 그 부분들이 어디에 자리하고 있는지, 몸 안, 표면, 또는 주변 어디인지 알아차리도록 요청한다.
- 그 부분에 초점을 두도록 내담자에게 권한다.
  - 한 부분에 내적으로 초점을 두는 것과, 그 부분에 대해 얘기하는 것은 다르다.

구체화하기

- "그 부분을 어떻게 경험하고 있나요? 그 부분을 보나요? 느끼나요? 듣나요? 아니면 당신이 그 부분을 인식하는 다른 어떤 방식이 있나요?"라고 묻는다.
- "그 부분은 몇 살인가요?"
  "그 부분이 당신을 몇 살이라고 생각하고 있나요?"라고 묻는다.

발견하기, 초점 두기, 구체화하기 이후: 갈림길

6F 단계는 우리가 필요로 하는 보호자들과의 동맹을 형성하도록 도와준다. 처음 세 단계 이후와 나머지 세 단계 이전 사이 지점에서 우리는 갈림길에 서게 된다. 만일 내담자의 보호자들이 흔쾌히 탈혼합하려는 용의가 있다면, 우리는 내면 소통을 사용하여 남은 세 단계를 계속해 나갈 것이다. 하지만 보호자들을 분리하도록 설득할 수 없다면—흔히 트라우마와 연관된 경우—포기하고 (그 순간에는) '직접 접속(치료자의 참나가 내담자의 부분과 직접 대화하는 것)'으로 이동해야 한다. 하지만 직접 접속을 자세하게 기술하기(123~134쪽 참조) 전에 IFS와 관련된 신경과학의 몇 가지 개념들을 소개하고, 내면 소통이라 불리는 기술을 활용한 보호 부분들과의 작업에 대한 예시를 제시하면서 마치고자 한다.

신경과학의 도입

수년 전부터 부상하고 있는 신경과학 분야의 선도자들과 함께 심리치료 세계를 만난 '뇌의 10년'은 심리치료가 진행되는 동안 뇌에서 무엇이 일어나고 있는지 우리가 더 잘 이해할 수 있게 도와주었고, 덕분에 우리는 사람들이 트라우마 경험에서 초래된 후유증을 효과적으로 치유할 수 있게 되었다. 신경과학의 지식은 또한 치료적인 의사결정에 대한 정보를 제공해 줄 수 있다. 예를 들어, 어떤 상황에서 치료자가 조용히 비반동적non-reactive으로 있는 게 최선인가? 언제 말을 해 주는 것이 가장 좋은가? 아울러 언제 속도를 늦추고 몸으로 작업하는 것이 좋은가? 우리는 이 책에 IFS 치료모델과 관련해서 뇌에서 일어난다고 생각되는 것들을 포함시켰다.

과학: 마음-뇌 관계

많은 정신건강 이론가들과 현장 전문가들은 마음과 뇌를 다음과 같이 구분한다. 즉, 마음은 에너지와 정보 흐름을 다루면서 주로 기능functioning에 관계하는 반면, 뇌는 머리에 있는 뉴런, 신경망, 신경전달물질의 연합체로 정의되는 구조structure에 관계하는데, 둘 다 신체 및 환경과 상호작용한다(Siegel, 2017).

치료자로서 우리는 둘 다를 다룬다. 내담자들이 자신의 생각, 감정, 감각들을 알아차리고 상호작용할 때의 마음, 그리고 내면의 주의가 치료적 변화—이는 뇌에서의 구조적 변화(신경가소성)와 동시에 발생한다—를 허용할 때의 두뇌를 다룬다. 어떤 과학자들은 또한 마음은 상태를 바꾸고, 정신활동의 한 클러스터cluster(또는 신경망 집합)에서 다음 클러스터로 빠르게 이동하는 게 가능하며, 각각은 특정한 기능에 기여한다고 생각한다(Siegel, 2017). 이러한 관점은 IFS의 가장 기본적인 전제와 일치한다. 즉, 정신psyche(마음mind)은 자연히 혼합되거나 탈혼합이 가능한(상태 바꾸기) 다양한 부분들(정신적 상태들mental states)로 구성되어 있다.

우리는 부분들이 두뇌와 마음 둘 다를 사용하고, 주로 마음에 살면서 두뇌를 활용한다고 생각한다. 부분들은 다양한 생각, 감정, 감각을 가지고 있고, 두뇌에서 특정한 생각, 감정, 감각에 상응하는 신경망을 활용하여 그들 자신을 표현한다.

발견하기의 과학: 부분들 파악하기

신경세포(뉴런) 집단들은 함께 신경회로 또는 신경망을 형성하게 된다. 신경과학자들은 다양한 두뇌 망들을 계속하여 발견하고, 지도화mapping하며, 확인하고 있는데, 이러한 망들은 휴식 중인 뇌에서부터 공감, 연민, 비탄, 돌봄, 추구, 그리고 트라우마 경험에 영향을 받은 망들과 연관된 공황에 이르기까지 전반적인 것들을 관장한다.

IFS에서 어떤 목표 부분을 찾는 과정은 특정 기능에 기여하는 특정한 신경망 클러스터에 에너지와 주의를 집중하는 마음과 관련된다.

초점 두기의 과학: 내면으로 들어가기 및 명상

우리가 초점 두기에 대해 말할 때 그것은 일반적으로 어떻게 주의를 기울이는가에 대한 것이다. 우리가 외적으로 관여—우리의 외부 환경이나 관계에 초점 두기—할 때 외수용성 자각 exteroceptive awareness을 활용하는데(Seppala, 2012), 이는 주로 전전두엽 피질에 의존한다. 다른 한편 내수용성 자각interoceptive awareness(Seppala, 2012)은 내면의 초점 두기와 관련되고, 다음과 같은 보다 심층의 뇌 구조에 의존한다—뇌간brainstem(심장 박동, 호흡과 같은 신체 감각과 연결됨), 변연계limbic system(정서 통합), 섬[도]島, insula(신체 자각), 후측 대상posterior cingulate(자기자각과 연결됨). 이 모든 부위가 트라우마에 영향을 받는다.

대화치료talk therapy는 전형적으로 외수용성 자각을 활용하는데, 내담자들은 치료자와의 대화에 초점을 맞추게 된다. 이와 대조적으로, IFS에서 우리는 내담자들로 하여금 내면으로 들어가 그들 자신과 그들의 부분들 사이의 관계에 대해 내면적으로(내수용적으로) 초점을 맞추도록 초대한다. 내수용성 자각은 우리의 행복 수준에 더욱 강력한 영향을 미친다고 한다(Seppala, 2012).

물론 명상에는 매우 다양한 형태들이 있다. 카밧진이 현존하는 순간에 대한 비판단적 자각(Kabat-Zinn, 2003)으로 기술한 마음챙김은 신체적·정신적 건강에 유익하다는 사실을 연구하고 입증해 온 잘 알려진 명상 형태이다. 트라우마에 압도된 삶을 살고 있는 사람에게 나타나는, 해로운 영향을 입은 몇몇 뇌구조에 명상이 긍정적인 효과가 있다고 알려져 있다. IFS에서 명상은 내담자들이 부분으로부터 탈혼합하고 참나 에너지에 접속하도록 돕는다. 마음챙김적 분리, 또는 경험 '안에 머물기'보다 탈혼합하거나 경험과 '함께 머무르는' 능력은 IFS 치유의 마지막 단계들을 위한 전제조건이다. 왜냐하면 재경험(내면의 관객들을 인정하지 않고 재경험하는 것)은 치료적이지 않기 때문이다.

구체화하기의 과학: 부분을 명료화하기

내담자가 목표 부분을 확인하고 자신의 주의를 내면을 향해 초점을 맞추면 우리는 그 부분과 관계를 맺도록 내담자를 안내한다. 이것은 일반적으로 마음의 눈으로 일어나지만, 시각적이지 않은 사람들에게는 그 경험이 감각적sensory이거나 운동감각적kinesthetic이거나 청각적일 수 있다.

- 그 부분이 몸의 안 또는 주변 어디에 있는가?
- 내담자가 그 부분을 보는가? 그 부분을 느끼는가?
- 또는 혹시 그 부분을 듣는가?
- 그 부분은 모양이 있는가?
- 색깔은?
- 크기는?
- 소리는?
- 나이는 몇 살인가?
- 내담자는 그 부분과 얼마나 가까이 있는가?

이 모든 질문이 치료자와 내담자에게 부분을 구체화하고 더 잘 파악하는 데 도움을 준다.

IFS에서 많은 보호 부분(증상으로도 알려져 있는)은 두려움에 뿌리를 두고 있다. 이들은 과로하고 심란함을 일으키는 경향이 있다. 우리는 이러한 부분들이 마음 안에 살고 있고, 두뇌 안의 통합되지 않은(또는 조절되지 않은) 신경회로들과 연결하여 자신을 표현한다고 믿는다. 이 신경회로들은 전형적으로 지나치거나 부족한 수준에서 기능하고 결과적으로 정신적 고통을 낳게 된다. 상처 입은(추방된) 부분이 치유되면, 보호 부분들은 그들이 하던 일을 그만두고, 정상적으로 기능하면서(상처 입는 상황이 벌어지기 전에 기능했던 것처럼) 보다 큰 체계 속으로 구조적으로 다시 통합될 수 있다.

명상   **부분 알아 가기**

이 명상은 당신이 도와주거나 관계를 바꾸고자 하는 부분에 대해 좀 더 알아가는 걸 도와주기 위해 설계되었다.

- 느낌이 좋으면, 계속해서 심호흡을 해 봅니다.
- 그리고 당신이 좀 더 잘 알고 싶은 부분에 대해 생각해 봅니다.
- 계속해서 그 부분이 당신의 몸 안, 표면, 또는 주변 어디에 있든지 초점을 맞춥니다.
  - 그 부분에 초점을 맞출 수 없어도 괜찮습니다.
- 초점을 맞추든 맞추지 못하든 관계없이, 당신이 그 부분에 대해 어떤 마음이 드는지 알아차립니다.
- 호기심이나 수용의 느낌이 아닌 다른 어떤 것이 느껴진다면 그 반동하는 부분에게 물어봅니다—당신이 목표 부분과 더 알아 갈 수 있도록 당신에게서 떨어져서 방해하지 않을 용의가 있는지 물어봅니다. 우리는 그 부분이 장악하지 않도록 할 것이고, 단지 그 부분을 알아 가려는 것입니다.
- 원래 부분에 대해 호기심을 느낄 때까지 반동하는 부분들에 대하여 이 작업을 되풀이합니다.
- 거기에 도달하지 못할 수도 있는데, 즉 다른 부분들이 분리되지 않으려고 하는 것인데, 그래도 괜찮습니다. 당신은 그냥 분리되는 것에 대한 그들의 두려움을 경청하는 시간을 가질 수 있습니다.
- 하지만 그들이 원래의 부분에 대해 당신이 최소한의 호기심을 느끼도록 허용하면, 그때는 경청하는 것이 안전합니다.
- 원래의 부분은 자신에 대해 당신이 무엇을 알아주기를 바라나요?
- 그 부분은 당신을 위하여 무엇을 해 주려고 노력해 왔나요? 당신에게 무엇을 해 왔나요?
- 그 부분은 혹시 당신에게서 무엇을 필요로 하나요?

나는 이제 잠시 말을 멈추고 당신이 그 부분을 알아 가게 두고 시간이 되었을 때 다시 오겠습니다.

- 좋아요. 몇 분 안에 우리는 돌아오기 시작할 것입니다.
- 그 부분에 대해 알아 가도록 허락한 것에 대해 감사를 표합니다.
- 그리고 이번이 당신에게 얘기할 유일한 기회에 불과한 것이 아님을 알도록 해 줍니다. 그 부분이 원한다면, 당신은 다른 시간에 다시 돌아올 수 있습니다.
- 그리고 이 방으로 돌아오기 전에, 그 부분에 대해 알아 가도록 해 준 것에 대해, 또 그들이 두려웠기 때문에 허락하지 않았다는 사실을 당신이 알게 해 준 것에 대해 다른 모든 부분에게 감사하다는 걸 확실히 전달합니다.
- 그리고 모든 것을 완수했다는 생각이 들 때, 괜찮다고 느끼면 다시 몇 차례 심호흡을 하고 나서 당신의 초점을 바깥으로 옮기기 시작할 수 있습니다.

네 번째 단계: 부분을 향한 느낌으로 참나 에너지 평가하기

우리의 전체적 목표는 모든 부분들—목표 부분 그리고 반동하는 모든 2차적 부분들—이 분화되어 내담자의 참나가 상처 입은 부분을 치유할 공간을 마련하는 것이다. 네 번째 단계는 내담자의 참나 접속 수준을 확인하는 데 기여한다. "이 (목표) 부분을 향하여 어떤 느낌이 드나요?"라는 질문은 참나 에너지에 대한 (그리고 그 반대로 혼합된 부분들에 대한) 우리의 측정기이다.

우리가 내담자의 내면관계 환경에 이런 식으로 접속하면서, 다음과 같은 얘기를 들을 수도 있다—누군가 목표 부분을 무서워한다거나, 누군가 목표 부분이 압도할까 봐 두려워한다거나, 내면이 부분들로 너무 꽉 차서 참나를 위한 공간이 없다거나. 이렇게 내면 현장을 점검함으로써 안심시켜 줘야 할 부분들이 있는지 찾아본다.

다음은 네 번째 단계를 활용하는 두 사례를 참나 에너지에 접속하는 두 가지 실습과 함께 보여 준다.

네 번째 단계: 부분을 향해 느끼기

부분을 향해 느끼기

치료자: 그 권투 선수 부분에 대해 어떤 느낌이 드나요?

엔조: 저를 보호하고 있어요! 저는 그게 좋아요.

치료자: 그가 어떻게 반응하는가요?

  * 반응은 치료자에게 엔조의 인정이 참나에서 오는 것인지 아니면 다른 부분에서 오는 것인지에 대해 알려 줄 것이다.

엔조: 그는 저를 무시하곤 했어요.

  * 엔조의 평가는 어떤 부분에서 온 것이다—권투 선수는 내담자의 참나를 무시하지는 않을 것이다.

치료자: 이유는요?

엔조: 그는 제가 약해 빠졌다고 생각해요.

구체화하기

치료자: 그는 엔조 씨가 몇 살이라고 생각하나요?

엔조: 아…… 어린 꼬마요.

치료자: 그래서 그 어린 꼬마가 권투 선수를 인정하고 고마워하나요? 그리고 권투 선수는 어린 꼬마가 약해빠졌다고 생각하고 있네요. 그 어린 꼬마가 분리되어서 엔조 씨가 권투 선수와 대화할 수 있도록 해 줄 용의가 있나요?

* 우리는 2차적 부분들—이 사례에서는 어린아이—에게 분화해서 내담자의 참나가 현존하면서 목표 부분과 대화할 수 있도록 요청하고 있다. 우리의 목표는 이 보호자와 추방자 사이에 내담자의 참나가 들어가게 하는 것이다.

엔조: 알았다고 하네요.

부분을 향해 느끼기

치료자: 이제 그 권투 선수를 향하여 어떤 느낌이 드나요?

* 다시 내담자의 참나 에너지 평가하기

엔조: 그가 돌아서서 저를 처음으로 바라보네요. 그는 놀라워합니다. 그는 나를 몰라요. 그가 도와준 모든 것들에 대해 나는 감사하고 있어요.

* 어린 꼬마가 분리되었을 때 보호자는 내담자의 참나를 알아차린다.

∞

이 사례에서 우리는 두 부분—보호자와 그가 보호하고 있는 추방자—을 보게 되고, 내담자의 참나를 처음으로 알아차리게 되는데, 치료자의 참나가 그들을 안내하고 있고 이러한 상황이 가능하도록 공간을 유지하고 있기 때문이다.

실습   부분을 향해 느끼기

지침: 목표 부분을 확인하고, 초점을 맞추고 구체화한다. 그러고 나서 물어본다.

"나는 이 _____ (목표 부분)에 대해 어떤 느낌이 드는가?"
그 대답을 적는다.

_____

_____

_____

_____

_____

만약 그 대답이 참나 에너지를 가리키는 다음의 목록에 있는 느낌들(또는 어떤 비유) 중 하나라면 그 부분과 친해지기 과정으로 옮겨 간다.

〈목표 부분에 대해 내담자가 참나 에너지를 갖고 있음을 가리키는 느낌들〉

- 호기심 있는
- 친절한
- 연결된
- 연민어린

- 열려 있는
- 돌보는
- 관심 있는
- 사랑하는

하지만 만약 그 대답이 "난 이해해."라면, 당신은 생각에 잠겨 그럴듯한 얘기를 늘어놓으면서 사전에 느낌을 차단하는 관리자의 얘기를 듣고 있는 것인지 아닌지를 알아차릴 필요가 있다. 또는 정말로 당신이 그 부분과 진심어린 연결감을 느끼면서 그 부분이 느끼는 것을 의식하고 있는지를 알아차릴 필요가 있다.

만약 "난 이해해."라는 말이 어디서 오는지 확실하지 않다면, 목표 부분에게 당신이 이해한 것을 말하고 옳게 이해한 것인지 물어본다.

다른 한편으로, "난 이 부분에 동의해."라는 말을 듣게 된다면, 이 부분은 대화를 갖기에는 아직 당신에게서 충분히 분화하지 않은 것이다. 당신이 대화할 수 있도록 분리해 달라고 요청하라.

그리고 그 대답이 어떤 다른 느낌(예: 증오, 분노, 두려움, 당황)이라면, 그렇게 느끼는 부분에게 물어본다. "네가 긴장을 풀고서 내가 그 ＿＿＿＿＿＿＿(목표 부분)과 대화하도록 허용한다면 어떤 일이 일어날까 봐 걱정하는 거니?"

반동하는 부분들은 보통 목표 부분을 어떤 식으로든 두려워한다. 무엇이든 당신이 들은 것을 적어 본다.

＿＿＿＿＿＿＿＿＿＿＿＿＿＿＿＿＿＿＿＿＿＿＿＿＿＿＿＿＿＿＿＿＿＿＿＿＿＿

＿＿＿＿＿＿＿＿＿＿＿＿＿＿＿＿＿＿＿＿＿＿＿＿＿＿＿＿＿＿＿＿＿＿＿＿＿＿

＿＿＿＿＿＿＿＿＿＿＿＿＿＿＿＿＿＿＿＿＿＿＿＿＿＿＿＿＿＿＿＿＿＿＿＿＿＿

＿＿＿＿＿＿＿＿＿＿＿＿＿＿＿＿＿＿＿＿＿＿＿＿＿＿＿＿＿＿＿＿＿＿＿＿＿＿

＿＿＿＿＿＿＿＿＿＿＿＿＿＿＿＿＿＿＿＿＿＿＿＿＿＿＿＿＿＿＿＿＿＿＿＿＿＿

만약 목표 부분이 너무 많은 영향력을 얻는 것을 반동하는 부분이 두려워한다면, 이렇게 물어본다. "만약 ＿＿＿＿＿＿＿(목표 부분)이 장악하지 않겠다고 동의한다면, 너는 내가 그 부분과 대화하게 해 주겠니?"

만약 반동하는 부분이 "그렇게는 결코 안 될 걸."이라고 대답한다면 두 가지 방식으로 부분을 안심시킬 수 있는데, 첫째는 "우리가 직접 ＿＿＿＿＿＿＿(목표 부분)에게 장악할지 안 할지 들어볼 수 있을까?"라고 묻는 것이다. 그러고 나서 반동하는 부분에게 "너에게 결정권이 있어. 난 너를 불편하게 만드는 건 무엇이든 할 생각이 없어. 하지만 내가 양쪽에서 얘기를 듣도록 네가 허락해 준다면, 너와 ＿＿＿＿＿＿＿(목표 부분) 사이의 갈등을 해결하도록 내가 도와줄 수 있어."라고 말한다.

네 번째 단계에서 내담자의 참나 에너지 수준 평가하기

폴리는 비난하는 부분을 알아차렸고, 그 부분을 양복을 입은 작은 남자로 묘사했다.

부분을 향해 느끼기

치료자: 이 비난자에 대해 어떤 느낌이 드나요?

　　＊ 이 질문에 대한 반응에서 우리는 폴리의 대답 속에 들어 있는 다른 부분들의 반응을 경청하게 된다.

폴리: 저는 비난자가 싫어요.

치료자: 그 부분이 폴리 씨가 이걸 다루도록 허락해 줄 수 있을까요?

　　＊ 다시 허락 구하기

폴리: 그렇게 될지 미심쩍게 여겨져요.

　　＊ 반동하는 부분은 협조할 의향도, 내담자의 목표 부분(양복 입은 작은 남자)과의 대화를 허락할 의향도 없다. 이것은 반동하는 부분이 목표 부분이 위험 요소라고 믿고 있음을 치료자에게 말해 준다.

구체화하기

치료자: 그래서 폴리 씨에게는 비난자를 싫어하고 그를 믿지 않는 부분이 있네요. 한 가지 물어봐도 될까요? 당신은 이렇게 불신이 가득한 부분이 누구라고 생각하나요?

　　＊ 이 질문에 대한 내담자의 답변은 취약한 부분을 드러낼 것이다.

폴리: 꼬마요.

참나 에너지가 충분한가?

치료자: 당신은 그 부분에게 뭐라고 말하나요?

　　＊ 취약한 부분이 폴리와 얼마나 혼합되어 있는지 평가하기. 만약 그 부분이 섞여 있다면 폴리는 자신이 꼬마처럼 느낀다고 얘기할 것이다.

폴리: 전 꼬마가 아니에요. 정말로 그 비난자와 대화하고 싶어요. 그가 왜 계속해서 그러는지 때때로 궁금해요.

　　＊ 폴리의 참나가 현존하고 있다.

치료자: 당신이 비난자에게 왜 계속해서 그러는지 묻는 걸 내면에서 모두 허용하는지 보시죠.

* 걱정하는 부분들 모두가 긴장을 풀고 폴리의 참나가 비난자와 대화하도록 허락하는지 물어봄

∞

이 사례에서 우리는 여전히 폴리가 아이라고 믿고 있는 보호자에게 폴리가 어떻게 반응하는지 주목함으로써 폴리의 참나가 현존하고 있음을 발견한다.

실습 | 참나 에너지 평가하기: 부분을 향해 느끼기

지침: 분명히 말해서, 이 실습의 목표 부분은 만성적으로 불안한 부분이다. 하지만 여러분은 자신의 내면에서 듣게 되는 부분을 적을 수 있다.

물어본다. "그 _____ (불안한) 부분에 대해 어떤 느낌이 드나요?"

- 내담자가 반동하는 부분들에게서 뚜렷이 분화하여 "난 호기심을 느껴."라든가 "흥미를 느껴."와 같은 말을 하게 된다면 계속 진행하며 호기심을 갖는다. "이 부분은 당신에게 자신에 대해 무엇을 말하고 싶어 하나요?"
- 하지만 내담자에게 "난 그 부분이 미워!"와 같은 부정적인 반응이 있다면
- 또는 "맞아 난 불안해."와 같은 말처럼 동의를 표현한다면

물어본다. "이 _____ (싫어하는 또는 동의하는) 부분이 당신의 주의를 먼저 필요로 하나요? 아니면 그 부분은 긴장을 풀고서 그 _____ (불안한) 부분에 대해 당신이 호기심을 갖도록 허용할 것인가요?"

- 만약 그 반동하는 부분이 긴장을 풀 용의가 있다면, 처음 질문을 반복한다. "그 _____ (불안한) 부분에 대해 어떤 느낌이 드나요?"
- 하지만 만약 내담자가 불안한 부분에게 계속해서 동조한다면, 그 불안한 부분이 혼합되어 있는지 아닌지 내담자가 질문해 보도록 안내한다.

  이를 위해 간단히 물어본다. "그 _____ (불안한) 부분이 지금 당신과 혼합되어 있나요?"

  - 그렇다면 "그 부분이 분리되어서 당신을 만날 용의가 있는지요?" ('당신'은 내담자의 참나를 의미함)
  - 아니라면, 우리는 누가 동의하는지 좀 더 탐색하면서 알아본다. "좋아요. 누군가 동의를 하고 그 부분이 무언가 말하고 싶어 할지도 모릅니다. 이 주제에 대해 동의하는 부분들 모두 당신과 집단으로 만나도록 요청해 봅시다. 그들이 기꺼이 그렇게 하려고 하나요? 그들 모두를 전체 회의에 참여하도록 초대하고 누가 나타나는지 봅시다."

목표 부분을 선택한 다음 행선지는 반동하는 부분들이 탈혼합(분화)하도록 설득하는 것인데, 이는 내담자의 참나가 현존하면서 목표 부분과 친해지는 걸 허용해 줄 것이다. 어떤 부분이 목표 부분에 대하여 부정적으로(또는 긍정적으로) 반응하며 탈혼합하려 하지 않을 때, 우리는 '직접 접속'이라 불리는 방법을 쓰게 된다.

주의사항: 네 번째 단계(부분을 향해 느끼기)에서 참나와 유사한 부분들

참나와 유사한 부분들Self-like parts은 마음의 눈으로 볼 때 참나의 얘기처럼 느껴지는 표현들("나는 돌본다." "나는 돕고 싶다.")을 하면서 종종 참나를 대신하여 일을 처리하기도 하지만, 그들은 보호 부분들로서 상처를 치유할 능력은 없다. 추방된 부분은 수년간 자신을 위로해 온 참나와 유사한 부분들에게 상당한 애착을 느끼게 될 수도 있고, 또는 숨이 막히고 억울해할 수도 있다. 어떤 경우든 우리가 참나와 유사한 부분을 착각해서 그 부분이 참나인 것처럼 진행했을 때 종종 진전이 너무 빠르고 쉽게 이루어지거나, 완전히 멈추게 되고, 추방자는 심술궂게 비협조적으로 보일 수 있다. 이것은 참나와 유사한 부분이 작용하고 있으므로 긴장을 풀고 내담자의 참나를 신뢰하도록 도울 필요가 있다는 신호이다. 참나와 유사한 부분들은 트라우마 생존자들에게 흔한데, 다른 이들의 욕구를 감지하고 그들이 원하는 것을 제공해 주는 것이 보호적일 수 있기 때문이다.

참나와 유사한 부분 발견하기: 진전이 너무 빠르고 쉬울 때

발견하기

치료자: 당신이 그 부분을 더 잘 알아갈 수 있도록 당신의 우울한 부분이 기꺼이 분리할 용의가 있나요?

브렌트: 네, 그럴 겁니다.

치료자: 이제 그 부분에 대해 어떤 느낌이 드나요?

브렌트: 그 부분에 대해 좋게 느껴집니다.

치료자: 좋게 느끼는 그 부분 또한 물러서 줄 수 있을까요?

브렌트: 물론이죠.

치료자: 이제 그 우울한 부분에 대해 어떤 느낌이 드나요?

브렌트: 연민을 느낍니다.

치료자: 그 부분이 그걸 받아들이고 있나요?

브렌트: 물론이죠.

* 브렌트는 연결이 끊어진 듯하다. 치료자는 그의 내면에 뭔가 견인하는 게 없다는 걸 감지한다.

발견하기, 초점 두기

치료자: 당신에게 일이 잘 진행되게 도우려고 노력하는 부분이 있는지 궁금합니다.

브렌트: 무슨 뜻이죠?

치료자: 누군가가 도우려고 노력하고 있나요? 잠시 내면에 물어보시죠.

브렌트: 정말 그러네요. 어떻게 아셨죠? 선생님과 나를 돕고 싶어 하는 부분이 있어요. 그래서 그 부분은 자기가 생각하기에 선생님이 듣고 싶어 하는 걸 말하는 거네요.

치료자: 그 부분에게 감사를 표하세요. 그리고 그 부분이 잠시 휴식을 취하면서 우리를 관찰할 용의가 있는지 물어보세요. 뭐가 나오든, 어려운 것들이라도 우린 괜찮습니다.

　　* 허락 구하기

브렌트: 물어볼게요.

　　* 그는 눈을 감고 잠시 침묵한다.

브렌트(계속): 이 부분이 활동을 꽤나 많이 하고 있다는 생각이 듭니다. 올바른 일을 하고 싶어 합니다. 나와 오랫동안 함께했어요.

부분을 향해 느끼기

치료자: 분명 그 부분이 도움되었을 겁니다. 그 부분에 대해 어떤 느낌이 드나요?

브렌트: 고마움을 느낍니다.

친해지기

치료자: 그 부분이 알도록 해 주세요.

브렌트: 좋아하는군요.

치료자: 그 부분이 당신을 신뢰할 용의가 있나요?

　　* 이 부분이 탈혼합을 할 것인가? 이 부분은 내담자의 참나를 알아차릴 용의가 있는가?

브렌트: 그렇게 확실하진 않네요.

치료자: 그 부분은 당신이 몇 살이라고 생각하나요?

브렌트: 열다섯 살이라고.

치료자: 당신은 그것에 대해 뭐라고 말하나요?

　　* 내담자의 참나를 초대하여 이끌게 하기

브렌트: 열다섯 살짜리는 우울하네요. 이 부분은 혼란스러워하고 있는데, 내가 자기라고(I'm him) 생각하네요.

　　　* 참나가 현존하고 있다.

치료자: 그 부분이 지금 당신을 보고 있나요?

　　　* 계속 친해지기

브렌트: 네. 충격을 받은 거 같아요.

치료자: 당신이 열다섯 살짜리를 돕는 걸 그 부분이 허락할까요?

　　　* 허락 구하기

브렌트: 그 부분은 이 모든 걸 혼란스러워해요. 그 부분은 언제나 나를 돌봐 왔거든요.

　　　* 브렌트는 참나와 유사한 역할을 맡은 보호 부분을 묘사하고 있다. 즉, 이 보호자는 브렌트의 참나를 대신하여 일을 처리하면서 그의 인생을 지휘하고 어린 부분들을 돌보려고 노력하고 있다.

구체화하기

치료자: 그 부분이 당신을 대신해서 일을 처리하나요?

브렌트: 그 부분은 뭐랄까, 나입니다(It sorta is me).

　　　* 참나와 유사한 부분들은 종종 우긴다. "내가 이 내담자입니다."

치료자: 나는 그 부분이 이끌어 왔다고 들었는데, 그 이유는 그 부분은 그래야만 했고, 부분이 아닌 브렌트에 대해 자각하지 못했기 때문입니다. 이렇게 열심히 일하는 부분이 당신을 만났는데 이 부분은 어떤가요?

　　　* 내담자에게 참나가 있음을 주장하기

보호자의 두려움 탐색하기

브렌트: 그 부분이 정말 놀라워합니다. 그 부분에게 어떤 일이 벌어질까요?

치료자: 그 부분은 없어지지 않을 겁니다. 여전히 당신의 일부분으로 남아 있을 겁니다.

　　　* 보호자 안심시키기

브렌트: 안심이 되네요.

치료자: 그 부분은 굉장히 열심히 일했습니다. 그 부분이 당신의 도움을 받아들일까요?

브렌트: 그 부분이 생각하고 있어요. 지쳐 있어요.

　　　* 참나와 유사한 부분들은 종종 주도권을 참나에게 넘기기 전에 많은 확신이 필요하다.

∞

여러분이 회기 중에 당혹스럽게도 진행하기 힘들다고 느끼거나 상황이 너무 쉽게 진행된다면, 참나와 유사한 부분이 아닌지 의심하라. 이 사례가 보여 주듯이, 참나와 유사한 부분들이 나타나는 방식들 중 하나는 내담자가 본질적으로 부재 상태에 있을 때 내담자가 협조적인 것처럼 보이게 만드는 것이다.

과학: 부분을 향한 느낌을 통해 참나에 접속하기

신경과학은 자기인식self-definition과 관련된 뇌구조를 탐사하고 있는데, 여기에는 우리가 우리 자신을 어떻게 표상하고 평가하고 점검하는가가 포함된다. 이러한 활동들은 각각 내측 전전두피질medial prefrontal cortex, 배외측 전전두피질dorsal lateral prefrontal cortex 그리고 전측 대상회anterior cingulate와 연결되어 있다(Nortoff & Bermpohl, 2004). 우리는 자아정체감이 또한 섬[뇌섬엽]insula이라고 불리는 구조를 통해 우리 몸과 신체 감각들과의 연결에 관여한다는 것을 알고 있다(Lanius, 2010). 비록 신경과학의 이러한 진전이 뇌가 어떻게 맥락적인 자기자각self-awareness과 관련되어 있는지 이해하는 데 도움을 주기는 하지만, 참나에 대한 IFS의 개념과는 다르다.

우리의 관점에서 볼 때, 고요한 상태, 호기심, 자신감, 용기 있음, 명료함, 연결, 연민 및 창의성을 수반하는 IFS의 참나는 뇌의 어느 특정 구조에 위치하고 있는 것은 아니다. 우리는 존재의 상태a state of being인 참나가 보호 부분들처럼 마음 안에 위치하고 있다고 믿는다—하지만 차이점이 있다. 크고 작은 트라우마에 대한 반응으로 발달하게 된, 그리고 증상으로 나타나는 보호자들은 뇌에서 통합되지 못한 망들을 사용한다. 대조적으로, 참나는 '통합된' 신경망들에 접속하면서 외부 세계와 자연스럽게 연결된다. 우리의 관점에서 '참나로 존재하기being in Self' 경험은 (IFS에서 우리가 말하듯이) 내적 · 외적으로 연결되어 있고 최고로 통합적이다. 요약하자면, 참나는 타고난 지혜와 치유를 위한 역량을 보유하고 있다. 우리의 관점에서 보면, 보호자들이 극단적인 역할에서 해방되면 통합된 신경망을 활용하는 상태로 되돌아가게 된다.

과학: 트라우마와 해리의 신경생물학

심각한 트라우마를 경험한 내담자들과의 치료는 종종 도전적이고, 시간이 걸리며, 때때로 압도적인 느낌이 든다. 생존자들에게는 종종 암묵 기억implicit memory(무의식적이고, 오래 지속되며, 인지적인 입력이나 시간 순서가 없는 감정과 감각들로 대부분 구성되어 있음)에 의해 지배되는 부분들이 있다. 트라우마 치료의 목표를 최소 분모로 줄이면 암묵 기억을 외현 기억explicit memory(의식적인, 사실의, 선형적인, 시간과 서사 감각이 있음)으로 전환하는 것이 된다. 모든 치료자의 과업은 트라우마를 겪는 내담자가 날것의 소화되지 않은 기억을 시작, 중간, 끝을 갖는 것에 더하여 감정과 신념을 포함하는 응집력 있는 이야기로 전환하도록 돕는 것이다.

일반적인 상황에서는 뭔가 스트레스를 경험하게 되면 신경계는 몸에서 입력을 받아 다양한 뇌구조로 보내는데, 여기에는 시상視床, thalamus(감각 입력), 뇌간腦幹, brainstem(심장 박동 및 호흡), 편도扁桃, amygdala(정서적 중요성), 그리고 해마海馬, hippocampus(인지 입력)가 포함되고, 이어서 전측 대상회, 섬, 전전두엽 피질로 전달되는데, 여기서 정보가 처리되고 적절한 반응이―보통은 진정하기가―결정된다(van der Kolk, 2014).

하지만 스트레스가 더 심해져서, 위험에 대한 개인의 지각이 증가하게 되면, 몸을 동원하기 위해 코르티솔과 아드레날린과 같은 화학 물질들이 방출되어 우리를 안전 상태에서 투쟁하거나 도피할 준비가 된 상태(교감신경계 활성화)로 이동시킨다. 이런 시나리오에서는 정보를 처리하고 하향 조절할 수 있는 역량이 작동되지 않은 결과로 진정하고 회복될 능력이 제한되면서 높은 신체적·정서적 반동 상태에 있게 된다(van der Kolk, 2014).

만약 트라우마적인 상황에 계속 빠지게 되고 벗어날 가망성을 못 느끼게 되면, 교감신경계

수직 망 – 트라우마

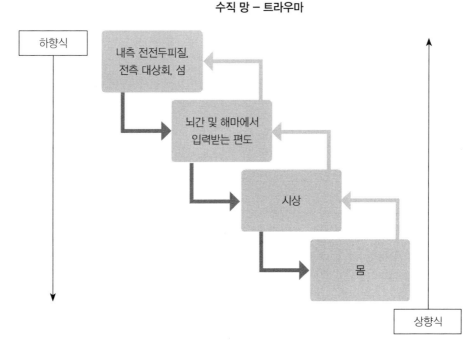

출처: Anderson (2016).

활성화로부터 부교감신경계의 철수, 그리고 최종적으로는 붕괴로 진행될 수 있다. 여기서 뇌의 몇몇 구조는 작동을 멈추고 내부 기관들은 속도가 느려져서 위험에서 생존할 기회를 증가시키기 위해 에너지를 보존하게 된다. 이런 상태에서 우리는 우리의 정서, 몸 그리고 정보를 처리할 수 있는 역량으로부터 단절되게 된다(Porges, 2011).

〈스트레스를 처리하는 세 가지 상태〉

정상적인 스트레스	교감신경계의 과다각성	부교감신경계의 둔감화
정상적인 억제	억제 부족*	지나친 억제*
정상적인 생각들	인지적 조망이 거의 없는	저조한 사고과정
정상적인 정서들	격심한 정서들	저조한 정서
정상적인 몸 감각들	격심한 몸 감각들	저조한 몸 감각들

* Lanius et al. (2010).

스트레스를 주는 상황들을 겪고 있는 내담자들과 작업할 때 치료자들이 다루게 되는 상태가 세 가지 있다. 때때로 내담자는 정보를 인지적ㆍ정서적ㆍ신체적으로 처리할 수 있다. 어떤 때(교감신경계 활성화의 경우)에 내담자는 격심한 정서적ㆍ신체적 활성화 가운데 하향 조절할 능력이 거의 없게 된다. 또 다른 때(부교감신경계의 둔감화)에는 감각이 마비되어 멍해지고, 해리되고, 신체 감각, 정서 또는 생각에 접촉하지 못한다. 가장 강렬한 순간의 경우, 트라우마를 입은 내담자는 이 세 가지 상태 모두가 번갈아 일어날 수 있다.

명상   당신의 심장과 함께하라

- 기분이 괜찮다면, 먼저 심호흡을 한 번 하고 나서 당신의 심장을 자신이 어떠한 방식으로 경험하고 있는지 알아차려 본다. 여기서 심장은 당신의 왼쪽에 있는 실제 심장을 의미할 필요는 없다. 단지 자신의 심장을 어떻게 경험하고 있는가를 알아차린다.

- 이제 그 심장을 신체적 방식으로 알아가도록 당신을 초대하고자 한다. 그리고 우리는 당신의 심장의 다양한 특질들을 탐색할 것이다.

- 우리는 심장의 상태를 살펴볼 것이다.
  - 우선 심장이 얼마나 열려 있는지 알아차린다.
  - 얼마나 부드러운가, 외피는 어떤가, 얼마나 굳어 있는가.
  - 아마도 충혈되었거나 부드럽거나 미끈할 수도 있다.

- 또한 당신의 심장이 거기서 얼마나 넓은 공간을 차지하고 있는지 알아차려 본다.
  - 당신의 심장이 수축되어서 단단하게 압축된 느낌인가 아니면 여유로운 느낌이 드는가?

- 당신은 자신의 심장이 다양한 위치에서 다양한 방식으로 존재하는 걸 탐색할 수도 있다.
  - 앞쪽은 닫혀 있지만 뒤쪽은 열려 있을 수 있다.
  - 또는 위쪽은 부드럽지만 아래쪽은 단단할 수도 있다.
  - 당신의 심장 전체는 아니지만 몇몇 부분들에서 에너지가 흐를 수 있다.
  - 아마도 어떤 곳에서는 당신의 심장이 비좁고 수축된 느낌이지만, 다른 곳에서는 여유롭게 느낄 수도 있다.

- 어떤 방식으로든 극단적으로 느껴지는—닫혀 있거나 수축되었거나 경쟁하거나 굳어 있거나 하는—곳에는 어떤 보호 부분들이 있다.

- 원한다면 지금 잠시 동안 그 부분들을 만나 볼 수 있다.

- 괜찮다면 만약 보호자들이 당신으로 하여금 심장을 완전히 열도록 허용한다면, 무슨 일이 일어날까 봐 두려워하는지 그냥 약간의 호기심을 가져 보라.
  - 만약 그들이 당신의 심장이 부드러워지게 허용한다면, 무슨 일이 일어날 것인가요?
  - 만약 그들이 심장을 수축하거나 압축하려고 노력하지 않는다면, 무슨 일이 일어날 것인가요?

- 그러한 질문에 대한 답변에서 그들이 보호하고 있는, 당신의 심장 안이나 주변에 살고 있는 취

약한 부분들에 대해 알게 될 가능성이 있다.

- 지금 당장 그 취약한 부분들에게 가야 할 필요는 없다. 그냥 취약한 부분들에 대해 보호자들로부터 약간 좀 들어볼 수 있다.

• 당신은 이러한 부분들이 얼마나 열심히 당신의 취약성을 호위해 왔는지 알게 되면서, 그들을 향해 당신이 느끼는 애정어린 감사함을 진솔하게 느끼는 그대로 표현한다.

• 그러한 감사에 그들이 어떻게 반응하는지 알아차린다.

• 지금 당장은 그들이 무언가를 바꾸도록 요구하지 않는다. 그들이 바뀌기를 기대하지도 않는다.

- 우리는 단지 그들의 두려움을 알게 될 것이고 그들에게 감사함을 표할 것이다.

- 그리고 언젠가, 그들이 원한다면, 그들이 그게 좋은 생각이라 느낀다면, 그들은 당신이 그 취약한 부분들에게 다가가서 그들을 치유하도록 허용할 수도 있다.

- 그때 열심히 일을 해 온 보호자들은 긴장을 풀고 당신의 심장을 열도록 허용할 수 있을 것이다.

• 종종 보호 부분들은 치유가 가능하다는 것을 믿지 않는다. 그들은 당신의 남은 삶 동안 심장과 함께 이런 식으로 살도록 운명지어졌다고 느낀다. 그러므로 치유가 가능하지만 압력을 느낄 필요는 없다는 것을 그들이 분명하게 알게 하라.

• 이렇게 당신의 심장을 방문하는 게 완수되었다고 느끼면, 당신의 초점을 바깥으로 옮기기 시작할 수 있지만, 떠나기 전에 당신이 이 모든 것을 알도록 해 준 것에 대해 감사를 표하고 당신의 심장을 안전하게 지키려고 열심히 일을 해 온 그들의 노고에 감사를 표하는 걸 잊지 않도록 한다.

6F의 마지막 두 단계:
친해지기 그리고 보호자의 두려움 탐색하기

6F 단계의 마지막 두 단계(친해지기, 보호자의 두려움 탐색하기)는 우리가 보호자들을 알아가고, 그들의 동기와 염려(특히 추방자가 압도하는 것과 관련해서)를 이해하며, 그들이 보호하고 있는 상처 입은 부분들을 돕는 것에 대해 그들의 허락을 얻는 것이다. 끝으로, 공감 및 연민과 관련된 친해지기에 관한 과학적 이해, 그리고 트라우마의 신경생물학과 관련된 보호자의 두려움에 관한 과학적 이해를 이 부분에서 살펴본다.

다섯 번째 단계: 친해지기

우리가 목표 부분을 발견하고, 초점을 두고, 구체화하며, 내담자에게서 참나 에너지를 충분히 찾게 되면("~에 대해 어떤 느낌이 드나요?"), 우리는 그 부분에 대해 더 알게 될 기회를 얻게 되고, 그 부분과 내담자의 참나 사이의 관계를 촉진하게 된다.

- "너는 무슨 일을 맡고 있니?"
- "너는 누구를 보호하고 있니?"
- "어떻게 해서 그 일을 맡게 되었니?"
- "너는 내담자가 무얼 알았으면 하니?"
- "너는 몇 살이니?"
- "이런 일을 하지 않아도 된다면 무슨 일을 하고 싶니?"
- "너는 내담자가 몇 살이라고 생각하니?"

보호자들에게 동기 물어보기

우리는 내담자들로 하여금 보호자들에게 그들의 동기와 책임지고 있는 일들에 대해 물어보도록 안내한다. 그리고 우리는 내담자들이 존중, 흥미, 그리고 열린 가슴으로 보호자들의 얘기를 경청하도록 지지해 준다. IFS가 처음인 치료자들에게는 내담자의 부분들이 끝도 없을 것처럼 나타나는 경우에 주눅이 드는 부분이 있을 수 있지만, 이런 상황이 진짜 장애는 아니다. 부분들은 러시아 인형과도 같다. 즉, 부분들은 부분들을 지닌 부분들을 가질 수 있다. 하지만 우리는 그 모든 부분들을 이름 붙이도록 내담자에게 요청하거나 부분들의 하위 부분들을 알아차리도록 내담자들을 안내하지는 않는다. 설사 우리의 대화가 그런 방식으로 흘러간다고 해서 우리의 방법이 바뀌지는 않는다. 우리는 나타나는 부분들—추방자의 주위를 맴도는 보호자들의 벌집—에 초점을 맞춘다. 이런 방식으로 우리는 내담자의 체계로 인도받고, 치유를 촉진하기 위해 그 체계가 우리에게 알기를 요구하는 만큼만 배울 필요가 있다.

친해지기는 더 많은 탈혼합으로 이끈다

관계 구축은 IFS 치료 전반에 걸쳐서 이루어지는 우리의 직무이다. 우리는 부분들이 내담자의 참나와 관계를 갖기를 바라며, 이것은 부분들이 참나를 위해 내면에 공간을 만들 때 가능하다. 내담자가 보호 부분들과 친숙해지면, 우리는 내담자의 참나가 현존하고 체현될 수 있도록 보호 부분들이 분화하도록 설득하는 데 집중한다.

내면에 귀 기울이기

내담자의 부분들과 친해지도록 하기 위해, 우리는 내담자가 부분에게 귀를 기울이고 그 부분이 인정받는다고 느끼게 함으로써 부분들과 내담자의 참나 사이의 관계를 구축하는 데 초점을 맞춘다. 무엇보다도 보호 부분들은 그들이 왜 그런 일을 할 필요가 있는지를 내담자가 이해한다는 사실을 알 필요가 있다. 우리 치료자들은 내담자가 내면적으로 배양하기를 바라는 태도의 본보기를 보인다. 즉, 보호자들의 노력에 대한 존중, 그들의 의도가 긍정적이라는 가정, 그리고 그들이 가지고 있는 두려움에 대해 호기심을 가지는 것 등이다. 우리는 비판단적이고 친절하다. (순수하게 분화된 상태인) 참나의 최고 증거는 사랑, 연민(다른 이의 고통에 대한 관심), 그리고 돕고자 하는 열망이다. 우리는 이것을 우리 자신과 내담자 안에서 찾는다.

보호자와 친해지기

발견하기

치료자: 나는 때로 과잉 반응하는 부분을 알아차립니다. 당신은 그 부분을 알아차리나요?

나오미: 그건 그저 나일 뿐입니다. 여러 해 동안 그랬어요.

> * 과잉 반응하는 부분은 나오미와 혼합되어 있다.

치료자: 그런 느낌이 드는 거 알아요. 호기심이 드는데요, 그것이 혹시 당신을 보호하는 어떤 부분인지 물어봐도 괜찮을까요?

> * 타당성을 인정하면서 끈기 있게 지속하기

나오미: 이걸 단지 나의 어떤 부분으로 생각한다는 게 이상할 거 같아요.

> * 심하게 반동하는 부분이 탈혼합할 수 있다는 생각은 그녀의 체계에 새로운 개념이다.

치료자: 압니다. 그 부분이 당신과 조금 분리됨으로써 우리가 그 부분을 좀 더 알아갈 수 있도록 해 줄 용의가 있는지 그 부분에게 물어볼 수 있을까요?

> * 타당성을 인정하면서 끈기 있게 지속하기

나오미: 그걸 어떻게 해야 할지 모르겠어요.

> * 다시, 탈혼합은 새로운 개념이다.

치료자: 내가 도와드릴 수 있어요. 나오미 씨가 최근에 과잉 반응했던 상황을 떠올려 보세요.

> * 안심시키고 안내하기

나오미: 알았어요. 지난주에 회사에서 내가 지역 관리자 자리에 지원하길 원하는 걸 알고 몹시 흥분했어요.

초점 두기

치료자: 좋습니다. 그게 바로 내가 얘기하던 것입니다. 이제 그 부분에 초점을 맞추면서 나오미 씨가 그 부분에게서 약간 거리를 둘 수 있는지 보고, 그 부분에게 당시 반응에 대해 얘기해 달라고 요청하세요.

나오미: 흥미롭지만 이런 얘기가 계속 들리네요. "넌 준비되어 있어야 해! 언제든 준비하고 있어!"

> * 나오미는 안으로 향하였고—또는 IFS 식으로 말하면 '내면으로 들어가서'—귀를 기울인다.

치료자: 나오미 씨는 그게 무엇에 대한 것인지 알고 있나요?

> * 무엇이 이 반동하는 부분을 동기화하는지에 대해 나오미에게 대체적인 자각이 있는지 확인해 보기

나오미: 잘 모르겠어요.

부분을 향해 느끼기

치료자: 알아내고 싶으세요?

　　* 그 부분을 향해 참나 에너지를 충분히 지니고 있는지 확인해 보기

나오미: 물론입니다. 그게 어디서 왔는지 모르니까요.

　　* 그녀에게 참나 에너지가 충분히 있다.

친해지기

치료자: 좋습니다. 나오미 씨가 호기심을 갖고 있다는 걸 그 부분이 알도록 하고, 그 부분이 나오미 씨가 알았으면 하는 것이 무엇인지 보도록 하죠.

나오미: 그 부분은 놀라게 하는 걸 좋아하지 않아요. 놀라게 하는 건 나빠요. 정말 나빠요!

　　* 이 보호자에게서 나온 첫 직접 소통임

치료자: 그 부분에게 좀 더 말해 보도록 요청하세요.

나오미: 나의 부모님들, 주로 엄마가 우울해서 내가 뭔가 잘못했을 때 나에게 소리를 지르곤 했던 때가 보여요. 난 공포에 휩싸였었어요.

치료자: 분명 그랬을 거예요. 나오미 씨가 미리 준비해서 그때처럼 다시 놀라지 않게 하려고 이 부분이 정말로 열심히 노력한다는 것처럼 들리는군요.

나오미: 맞아요. 정확해요. 거의 모든 것에 대해 지나치게 준비해요. 준비되지 않았다고 느낄 때 과잉 반응하는 것 같아요.

　　* 나오미는 이제 그 부분으로 존재하기(혼합되기)보다는 그 부분과 관계를 맺고 있고, 따라서 깜짝 놀라는 것에 대해 그 부분이 그렇게 강렬하게 반응하는 이유를 이해할 수 있다.

치료자: 우리가 과잉 준비, 과잉 반응하는 부분을 이해하고 있고, 나오미 씨를 보호하기 위해 얼마나 노력하고 있는지에 대해 감사하고 있다는 것을 그 부분이 알도록 해 주세요.

나오미: 그 부분이 좋아합니다. 그 부분은 감사 인사를 받아 본 적이 없었어요.

∞

우리가 본 안내서 전반을 통해 강조하듯이, 추방자의 압도는 보호자의 가장 큰 두려움이다. 다행스럽게도 다루기 어려운 것은 아니다.

　이 사례가 보여 주듯이, 보호 부분들은 완전히 혼합될 수 있다. 부분이 "주도권을 쥐고 있다." 또는 내담자가 그 부분의 눈을 통해서 세상을 바라보고 있다고 말할 수 있다. 부분들이 탈혼합하도록 돕는 것이 IFS 치료의 진전을 위한 기본 바탕이다.

실습　보호자들과 친해지기

지침: 내면의 보호자들에게 귀를 기울일 시간이 되었을 때, 마음을 온전히 쏟을 수 있도록 한다.

내면을 면밀히 살피면서 자신에게 물어본다.

- "나는 ＿＿＿＿＿＿＿＿(내담자)의 이 부분에 대하여 어떠한 느낌이 드는가?"

그 대답이 호기심과 연민 사이의 스펙트럼에 있는 어떤 것이라면 계속 진행해도 좋다.
하지만 그 대답이 그 밖의 다른 것이라면, 자신 안에 있는 반동하는 부분을 탐지하도록 한다.
그 부분에게 물어본다.

- "내가 판단하지 않고 (또는 두려움 없이, 또는 자신이 알아차리는 반응이 무엇이든 관계없이) 경청하도록 허용하기 위해서 너는 나에게서 무엇이 필요하니?"

- 반동하는 부분이 나타날 때, 그 부분의 경험을 먼저 타당화해 준다.
  - "물론 자신의 상사에게 맞서는 ＿＿＿＿＿＿＿＿(내담자)에 대해 불안해하는 건 이해가 가. 우리가 너의 염려에 대해 더 많이 알 수 있도록, 불안을 낮추어 줄 용의가 있니?"

친해지기의 과학: 공감 vs. 연민

일단 목표 부분과 참나 사이에 분리가 일어나면, 친해지기로 옮겨가는데, 이를 내면의 애착 작업으로 생각할 수도 있다. 그 부분이 누구인지, 무엇을 나눌 필요가 있는지를 내담자가 발견하도록 돕는다. 그 부분은 무슨 일을 하는가? 나이는 몇 살인가? 누구를 보호하고 있는가?

신경과학자들이 연민 및 공감과 관련된 신경망의 지도를 그리는 것은 치료자들이 내담자들과 함께 존재할 수 있는 두 가지 분명한 방식을 이해하도록 도와준다. 공감은 다른 사람과 '함께 느낄feel with' 수 있는 우리의 능력과 관련되어 있는 데 비해, 연민은 다른 사람을 '위한 느낌feeling for'과 관련되어 있고 돕고자 하는 열망을 포함한다. 공감은 소진으로 이어질 수 있지만, 연민은 회복탄력성으로 이끈다(Singer & Klimecki, 2014).

IFS에서는 공감을 하나의 (어느 정도 강렬한) 혼합 경험으로 보는데, 치료자 또는 내담자의 참나는 부분이 느끼고 있는 것을 느낀다. 대조적으로, 연민은 균형감과 인내가 현존하는 내담자와 치료자 둘 다의 참나와의 탈혼합 경험이다. 부분들과 참나 사이의 신뢰와 연결감을 굳건히 해 가는 치료의 여정에서, 부분들은 관계에 존재하는 두 가지 방식 모두를 경험하는 것이 종종 필요하다. 이와 함께, 이해받기being felt(공감empathy)와 도움받기being helped(연민compassion)는 그들에게 충분한 편안함과 안전함을 줘서 자신의 취약성을 드러내게 해 준다.

여섯 번째 단계: 보호자의 두려움 평가하기

보호자들과의 작업은 도전적일 수 있는데, 그들이 우리 또는 내담자 안에 있는 추방된 감정들을 불러일으키고 다른 보호 부분들을 활성화시키는 반동성reactivity과 잠재력potential 때문이다. 우리는 자각 상태에 있으면서, 우리의 부분들에 대해 정직해야 하며, 활성화된 부분들이 치료에 끼치는 영향을 최소화하도록 주의해야 할 필요가 있다. 또한 보호자들은 다양한 이유로 도움을 받는 것에 저항하며, 그들의 염려는 종종 IFS 치료 시간의 대부분을 요구한다. 다음은 그들의 공통적인 염려와 우리의 대응 방법에 대한 목록이다.

1. 부분은 이 일에서 자신이 필요 없게 되면 사라지고 말 것이다.
   • 우리는 부분을 안심시킨다. "너는 사라지지 않을 거야. 너는 지금 루시의 한 부분이고 언제까지나 루시의 한 부분일 거야. 이 상처를 치유하는 건 너를 자유롭게 할 거야."

2. 보호자들이 내담자의 참나가 나타나게 허용한다면 치료는 끝날 것이고 치료자와의 관계를 잃어버리게 될 것이다.
   - 우리는 부분에게 알려 준다. "루시의 참나를 위한 여유 공간도 있고 나를 위한 공간 역시 있어."
3. 비밀이 드러날 것이다.
   - 우리는 이 비밀의 위험을 탐색하면서 결과들에 대한 잘못된 신념들은 무엇이든 다루도록 한다.
4. 내담자는 고통으로 압도될 것이다.
   - 우리는 내담자의 참나가 부분의 강렬한 감정들을 다룰 역량이 있다고 확신을 갖고 강력히 주장한다.
5. 치료자는 추방자의 고통을 다룰 수 없을 것이다.
   - 이는 치료자의 참나에 대한 진실이 아니라는 것, 그리고 우리는 치료 전반을 통해 우리의 반동하는 부분들을 확인하면서 주의를 기울일 것임을 강조한다.
6. 이 부분이 긴장을 풀면 양극화한 보호자가 장악할 것이다.
   - 그 부분이 나타난다면 우리는 다른 보호자와 함께 이것에 대해 교섭을 제안하며, 계속 진행하기 전에 언제나 모든 부분에게서 허락을 얻는다.
7. 참나 에너지는 위험해서 처벌을 받게 될 것이다.
   - 우리는 참나 에너지가 처벌을 받았던 초기 경험들을 탐색하고, 시간을 갖고 부분들을 참나에게 소개함으로써 부분들이 자신의 속도로, 그리고 나쁜 결과를 초래하지 않으면서 점진적으로 참나를 경험할 수 있도록 한다.
8. 참나는 없다.
   - 우리는 참나가 파괴되지 않았으며 부분들이 긴장을 푼다면 참나가 자연스럽게 나타날 것이라고 역설한다.
9. 치료자는—또는 다른 부분들은—보호자가 끼친 손상에 대해 보호자를 심판할 것이다.
   - 우리는 연민을 보여 준다. 그리고 우리는 심판하지 않을 것이고 비난하는 부분들이 나타나면 우리가 직접 그들을 다룰 것임을 확신시켜 준다.
10. 변화는 내담자의 내면체계를 불안정하게 만들 것이다.
    - 우리는 변화에 대한 부분의 두려움과 신념들을 탐색한다. 그리고 참나가 체계를 안정되도록 도와줄 것임을 역설한다.

두려움 탐색하기

보호자는 때로 자신의 두려움에 대해 자연스럽게 얘기한다. "내가 그(내담자의 참나)를 들어오게 하면 내게 어떤 일이 벌어질까?" 하지만 그렇지 않다면, 우리는 두 가지 이유로 보호자들의 두려움에 대해 반드시 물어보아야 한다.

- 첫째, 두려움은 양극화한 보호자를 가리키거나 추방자를 드러낼 것이다. 그리고 우리는 그러한 정보를 원한다.
- 둘째, 두려워하는 보호자들은 도움이 필요하다. 우리는 보호자들이 기꺼이 합류하기 전까지는 내담자의 참나 또는 추방자에게 접속하지 않을 것이다. 따라서 우리는 보호자들에게 그들의 두려움에 대해 물어본다.

"이 일을 그만둔다면 무슨 일이 벌어질까?" 부분의 답변에서 많은 것을 알게 되는데, 특히 다음의 사항들을 알게 된다.

1. 보호자가 감정에 압도되는 것이 두려워서 긴장을 풀지 못한다면, 그 압도하는 부분(추방자)에게 압도하지 말도록 요청하길 권한다.
   - "선(내담자)이 압도감을 느낄 것을 네가 염려한다고 들었어. 이해가 돼. 우리도 그걸 원하지 않아. 네가 허락한다면 우리가 그 부분에게 압도하지 말아 달라고 요청할 수 있어."
2. 보호자가 두려워하는 것이 양극화한 보호자가 내담자에 대하여 너무 많은 영향력을 갖게 되는 것이라면, 우리는 다투고 있는 부분들 사이에 내담자의 참나가 개입하도록 한다 (Krause, Rosenberg, & Sweezy, 2016).
   - "네가 걱정하는 부분이 장악하려고 하는 대신 너하고 선과 함께 앉아 있겠다고 한다면, 너도 그렇게 할 마음이 있니?"
   - "선, 각 부분들이 선을 도우려고 얼마나 노력했는지 알아들을 수 있나요? 선이 그들의 노력을 소중히 여긴다는 걸 그들이 알도록 해 주세요. 그리고 선을 포함한 셋이서 얘기할 공간을 만들 만큼 선을 충분히 신뢰해 줄 수 있는지 물어보세요."
3. 끝으로, 추방된 부분이 내담자를 압도하고 있다면, 치료자는 그 부분에게 직접적으로 얘기할 수 있다.
   - "네가 여기 있는 게 진심으로 기뻐. 네가 두려워하고 있는 걸 알고 있어. 공간을 조금

만들어서 선도 여기 있게 할 수 있겠니? 네가 선을 들어오게 해서 함께 있으면, 선이 도와줄 거야."

- 주의: 이 지점이 우리가 여러분의 전문성으로 되돌아가도록 권유하는 곳이다. IFS 훈련을 받지 않았다면 추방자에 대해 IFS를 사용하려고 시도하지 말라.

첫째 가는 두려움: 추방자의 압도

　보호자들이 가장 많이 하는 걱정은 감정적으로 압도되는 것에 대한 두려움이다. 그들은 그런 일들이 벌어지는 걸 봐 왔고 그것이 내담자의 심신을 약화시키는—종종 무기력하게 하는 우울증, 불안, 또는 반복적인 입원을 동반하는—걸 봐 왔다. 우리는 그들의 두려움을 타당화하고 그들의 걱정을 진지하게 대한다. 감정의 압도를 최우선으로 다루기 때문에 IFS는 트라우마에 주의를 기울이기 전의 안정화 작업을 요구하지 않는다. 압도가 위협적이지 않다면, 보호자들은 긴장을 풀게 될 것이고 내담자의 참나는 현존하면서 활용 가능한 상태에 있게 된다.

추방자의 압도에 대한 보호자의 두려움을 타당화하고 탐색하기

치료자: 자신의 걱정에 대해 공유해 준 부분에게 감사를 표해 주세요. 끔찍하게 느끼는 부분이 압도하지 않도록 우리가 요청할 수 있다는 걸 그 부분이 알도록 해 주세요.

　* 추방자들은 분리되어서 참나와 함께 있는 것이 관심을 받는 최선의 길임을 깨달을 때, 자신이 압도하지 않을 것에 일반적으로 동의한다.

치료자: 잘 들었나요? 그 부분이 압도하지 않겠다고 말하네요. 이제 그 부분과 대화할 수 있을까요?

　* 일단 추방자가 압도하지 않기로 동의하게 되면, 우리는 계속 진행하는 것에 대한 허락을 얻기 위해 보호자들과 다시 확인한다.

여기에 사례가 하나 있다.

추방자에게 압도하지 않도록 요청하기

발견하기

치료자: 불안해서 계속 끼어드는 부분이 당신에게 있는 것 같은데요. 알고 있나요?

피트: 네. 그 부분이 뒤로 물러서 있는 걸 힘들어하네요. 우리가 머물게 한 대기실에서 가만히 있으려고 하지 않네요.

　* 부분은 적어도 피트가 알아차릴 수 있을 정도로 탈혼합되어 있다.

초점 두기

치료자: 그 부분이 무엇에 대해 심란해하는지 물어보세요.

　* 호기심 갖기

피트: 내가 장악될까 봐 두려워해요.

　* 이것은 추방자의 압도에 대한 보호자의 전형적인 두려움이다.

치료자: 그 부분이 더 얘기할 게 있나요?

보호자의 두려움 탐색하기

피트: 그 부분은 내가 풋볼 코치에게 비난받았던 부분의 느낌들에 의해서 장악될까 봐 두려워하고 있어요. 그 부분은 내가 감당할 수 없는 뭔가를 가지고 우리가 장난치고 있다고 말하네요.

　* 이런 흔한 두려움은 추방자의 압도를 묘사하는 또 다른 방식이다.

친해지기

치료자: 그 부분은 당신이 몇 살이라고 생각하나요? 대답을 검열하지 말고 나오는 대로 얘기해 주세요.

　* 그의 대답은 보호받고 있는 부분인 추방자를 드러낼 것이다.

피트: 그 부분은 제가 열일곱 살이라고 생각하네요. 그때는 제가 풋볼을 할 때였죠.

치료자: 그 부분에게 오늘의 피트 씨—부분이 아닌 참나인 피트—를 알아 갈 기회를 주도록 해봅시다. 부분에게 피트 씨의 눈을 들여다보고 누구를 보고 있는지 피트 씨가 알도록 해 달라고 요청해 주세요.

　* 눈맞춤은 부분들을—또는 참나를—탐지하기 위한 훌륭한 전략이다. (우리 저자들은 이러한 통찰에 대해 마이크 엘킨(Mike Elkin)에게 감사한다.)

피트: 아, 부분이 정말 놀라워하네요. 내가 어른이 되었다는 걸 부분은 모르고 있었어요.

치료자: 그 부분이 당신에게 어떻게 반응하나요?

피트: 부분이 나를 바라보고 있지만 여전히 느낌들이 나에게는 너무 강하다고 생각하고 있네요.

  * 이 보호자는 피트가 어른이 된 걸 알아차렸으나 피트의 참나와는 아직 연결되지 않았다.

직접 접속

치료자: 코치에게 비난받는 걸 느꼈던 부분에게 내가 직접 얘기해도 될까요? 부분이 압도하지 않도록 요청할 겁니다.

  * 치료자는 추방자에게 직접 얘기함으로써 보호자의 걱정(추방자가 압도하는 것)을 다루려고 시도한다. 대안적으로, 치료자는 부분을 피트의 참나에게 소개하고 피트가 추방자에게 압도하지 말라고 요청하게 할 수도 있었다. 어느 쪽이든 좋지만 직접 접속이 종종 더 빠르다.

피트: 그게 좋을 것 같아요.

치료자: 그럼 코치에게 비난받았던 부분에게 내가 직접 얘기하겠습니다. 거기 있니?

피트: 네.

  * 이건 추방자가 말하는 것이다.

치료자: 네게 뭔가 강렬한 느낌들이 있다고 들었어. 맞니?

피트: 네.

치료자: 우리가 도울 수 있어. 네가 피트를 장악하지 않는다면, 너는 어떤 일이 있었는지 피트에게 보여 줄 수 있고, 우리가 그 고통을 영원히 없애도록 너를 도와줄게.

피트: 어떻게요?

치료자: 네가 피트를 압도하는 걸 멈춘다면, 걱정하는 부분이 긴장을 풀 수 있고, 피트—부분이 아닌 참나인 피트—가 너를 도와 줄 수 있어. 해 보고 싶니?

피트: 해 보고 싶어요. 하지만 제가 할 수 있을지 모르겠네요.

  * 추방자들은 분리하는 게 가능하지만 그다지 자발적으로 하는 습관은 없다. 왜냐하면, 그들은 분리를 추방되는 것과 연관시키기 때문이다.

치료자: 좋아. 실행해 보자.

  * 실행은 분리는 되지만 여전히 관계를 유지하는 이러한 새로운 선택을 정상화한다.

피트: 좋아요.

치료자: 너의 감정들을 한 번에 조금씩 나누는 걸로 시작해 보자. 말하자면 10퍼센트 또는 네가 선호한다면 두 방울씩.

  * 추방된 부분이 자신의 감정들을 천천히 나누는 방법에는 두 가지가 있다. 또 다른 방식은 소리를 높이거나 낮출 수 있는 볼륨 다이얼의 이미지를 사용하는 것이다. (우리 저자들은 '한

번에 몇 방울' 기법에 대해 미치 로즈(Michi Rose)에게 감사한다.)

치료자(계속): 준비되었니?

피트: 네.

치료자: 좋아. 먼저 피트와 확인해 볼게. 피트 씨, 다 들으셨나요?

　　 * 내담자의 참나를 대화로 데려오기

피트: 네.

치료자: 걱정하는 부분도 들었니?

피트: 네.

치료자: 이 부분이 자신의 감정의 10퍼센트를 나누는 것에 대해 둘 다 준비되었나요?

　　 * 허락 구하기

피트: 네.

치료자: 좋아요. 피트와 걱정하는 부분이 둘 다 너의 감정의 10퍼센트를 나누는 것에 대해 준비
가 되었어. 시작하자… 피트 씨, 그 부분을 느낄 때 내게 알려 주세요.

　　 * 실행하기

피트: 그 부분을 느끼고 있어요.

치료자: 느낌의 수준이 괜찮으세요?

피트: 네.

친해지기

치료자: 지금까지 괜찮다는 걸 그 부분이 알도록 해 주세요. 부분이 이걸 당신과 나누는 게 어떤
가요?

피트: 좀 안심이 됩니다.

치료자: 좋습니다. 계속 진행해도 괜찮을까요? 그가 지금 당신과 몇 퍼센트의 감정을 나눌 수 있
는지 그가 알도록 해 주세요. 우리는 아주 천천히 갈 수 있어요. 멈출 준비가 되면 알려 주시
고 당신이 함께 있는 것이 어떠했는지 얘기해 주세요.

　　 * 피트의 참나와의 관계 촉진하기

∞

이 사례가 묘사하듯이, 우리는 추방자와 대화할 수 있도록 허락을 얻음으로써 추방자가 압도하는
것을 멈추고, 그 대신에 도움을 얻도록 요청할 수 있다. 치료자의 참나 또한 내담자의 체계가 실험
을 할 만큼 안전하게 느끼도록 도와준다.

과학: 두려움 표현하기 및 극단적인 부분들과 작업하기

보호자들과의 마지막 단계는 그들의 두려움을 이해하는 것과 관련되어 있는데, 그들이 변화에 저항하는 핵심 이유는 두려움이다. 우리는 "이 일을 더 이상 하지 않는다면 무슨 일이 일어날까 봐 두려운 거니?"라고 묻는다. 왜냐하면 그 대답이 상처("저는 혼자 있곤 했어요.") 또는 양극화("자살 부분이 장악할 거예요.")를 드러내기 때문이다. 우리가 보호자에게 너무 비판적이거나 밀어붙이거나 지나친 요구를 하게 되면, 그들의 두려움은 자연스레 격렬해지고 그들의 행동은 더욱 확고해질 것이다. 이와 관련하여 신경과학은 치료적 개입을 어떻게 조절하여 최적의 효과를 이룰지 깨닫게 해 줄 수 있다.

우리는 증상(보호 부분)이 교감신경 활성화 또는 부교감신경 철수에 뿌리를 둔 것인지 평가하는 것이 중요하다는 것을 안다. 예를 들어, 격노, 공황, 섬망, 폭음은 대체로 활성화와 관련이 있고 교감신경계에 근거하고 있음에 비하여, 멍함, 해리, 수치감 또는 고도의 주지화는 둔화 및 철수와 관련이 있는데 이는 부교감신경계에 근거하고 있다. 어떤 반응들은 과다각성 hyperarousal 또는 과소각성hypoarousal을 의미할 수 있고, 어떤 개입을 결정하기 전에 구분될 필요가 있다. 예를 들어, 자살 부분은 강렬하고 충동적이거나(과다각성) 고통을 회피할 출구를 조용히 찾고 있을 수 있다(과소각성).[*]

치료자들은 언제나 자기 자신의 부분들의 반응을 자각하고 계속해서 확인해야 한다. 예를 들어, 당신이 활성화되었을 때 신경이 과민해지는가? 또는 주지화하는가? 또는 통제적으로 되는가? 내담자가 철수할 때 당신은 과도하게 열심히 노력하는가? 연결을 끊어 버리는가? 화를 내는가? 자신의 반응에 대해 무엇을 알아차리든, 당신의 부분들이 긴장을 풀고 당신의 참나를 신뢰하도록 도와서 내담자와 함께 현존할 수 있다면, 자연스럽게 좋은 상황들이 펼쳐질 것이다.

활성화 다루기

우리가 알고 있듯이, 과다각성은 몸을 동원하여 위험 신호를 보내고, 강렬한 감정들을 일깨우면서, 우리의 경험을 평가하고, 주의를 기울이며, 적절하게 반응하는 것을 전담하고 있는 두뇌 영역을 중지시키게 된다. 과다각성을 마주했을 때 우리는 평온하고, 이성적이며, 비반동

---

[*] '인내의 창(window of tolerance)' 내에 머무는 상태의 각성 수준을 최적 각성 영역(optimal arousal area)이라고 하며 '인내의 창' 위로 벗어나는 것을 과다각성, '인내의 창' 아래로 벗어나는 것을 과소각성이라고 한다. ─역자 주

nonreactive하는 상태를 유지함으로써 내담자들이 감정을 말로 표현하고 그들의 현재 상태에 대한 조망perspective을 얻도록 도울 수 있어야 한다. 활성화activation한 부분에게서 내담자가 분리할 수 없을 때 우리는 부분에게 직접 얘기(직접 접속)하면서 보조 두뇌(그 체계의 참나)가 되어 주며, 부분에게 귀를 기울이면서 부분의 걱정들을 다룬다.

이것은 내담자의 교감신경의 과다각성에 대한 하향식(먼저 인지적인 것에 접속하고 이어서 감정들, 그리고 마지막으로 신체 감각들로 옮겨 가는) 방식이다(Anderson, 2016). 우리는 내담자가 압도되었을 때 거기서 합리적인 반응을 제공하고자 하며, 자신감과 명료함을 전달한다. 우리는 강함strength을 보여 주지만 내담자의 활성화한 부분을 통제하려고 시도하지는 않는다.

내담자가 활성화된 상태에 대해 최소한 어떤 자각이 있다면, 그는 자신의 상태를 바꾸도록 돕는 수많은 단순한 하향식 전략을 특징으로 하는 상담실 밖 개입방법들을 사용할 수 있다. 예를 들어, 내담자는 자신의 이메일을 확인하거나, TV를 보거나, 책을 읽거나, 친구와 대화할 수 있다.

"명심할 것은, 당신의 보호 부분들이 활성화되었을 때는 의사결정을 내리거나 당면한 문제와 관련된 어떤 것도 하지 말고, 당신의 두뇌가 진정되고 부분들이 당신에게 다시 조망을 가질 수 있는 여유 공간을 제공할 수 있을 때까지 기다리세요."라고 우리는 말해 준다.

평온함에 머물며 화난 부분이 탈혼합하도록 돕기

존은 자신의 파트너에게 화가 나서 상담회기에 왔고, 전날 밤의 말다툼에 대해 얘기하고 싶은 강한 욕구를 가지고 있었다.

존: 정말 아내에게 짜증이 납니다. 아내는 모든 일에 끊임없이 아들 제이크를 끌어들여서 우리 둘 사이에서 선택을 강요하는 거예요. 이게 얼마나 파괴적인지 아내는 왜 알지 못하는 걸까요?

치료자: 어려운 상황으로 보이네요. 당신의 이력에 근거해서 보면, 이런 역동이 당신에게 특히 도전적인 것 같군요.

　　　* 타당화하기

존: 이런 상황이 아내를 죽이거나 제가 자살하고 싶게 만들어요. 어느 걸 먼저 해야 할지 결정할 수 없어요.

　　　* 두려운 부분이 치료자에게서 활성화되고, 치료자는 그 부분에게 긴장을 풀도록 조용히 요청한다.

발견하기, 초점 두기

치료자: 정말 화가 난 걸로 들리는군요. 당신의 화난 부분이 약간 좀 분리될 수 있을지 궁금하군요.

    * 과다각성된 부분에게 탈혼합 요청하기

존: 진심이세요? 선생님이 아내보다 내 감정을 더 잘 다룰 수는 없다고 생각되는데요.

    * 화난 부분은 분리하지 않으려고 하는데, 이런 현상은 화난 부분들에게 드물지 않다.

직접 접속

치료자: 제가 화난 부분에게 직접 얘기하고 있는 것 같은데요. 맞나요? 좋습니다. 네가 화가 나 있다고 들었는데, 존이 자기 엄마 아빠와 있을 때처럼 존의 아들도 중간 입장에 놓인 상황 때문인 게 맞니?

    * 화난 부분과 직접 접속으로 바로 들어가기—그리고 존은 자신의 의자에 편안히 앉는다.

치료자(계속): 네가 그 격렬함을 좀 낮출 수 있다면, 나는 존이 해결 가능한 해법을 찾아낼 거라고 장담해.

    * 화난 부분과 교섭하기, 부분이 존에게서 조금 떨어지도록 돕기. 잠시 후 존의 어깨에서 긴장이 풀리고 고개가 젖혀진다.

존: 선생님 말이 맞다는 거 알아요. 내 곁에 계속 머물러 주셔서 감사해요.

    * 화난 부분이 존의 참나를 위한 공간을 만들고 그의 교감신경 활성화가 진정된다.

∞

이 사례는 치료자가 내담자의 반동하는 부분들이 탈혼합되도록 돕는 가운데 자신의 부분들을 계속해서 확인할 필요성을 보여 준다. 치료자는 참나가 이끄는 상태로 머물면서 당장은 탈혼합할 용의가 없는, 화가 나고 위협적인 부분에게 도움이 될 수 있도록 직접 접속으로 옮겨 간다. 자신감을 유지하면서 부분을 통제하려 하지 않고 정면으로 마주함으로써 부분이 긴장을 풀도록 도와준다.

내담자가 과다각성되었을 때 평온하고 비반동적으로 되기

노아는 앉자마자 청소년인 자신의 아들과 가졌던 지난 주말의 상호작용을 묘사하기 시작한다.

노아: 그 녀석 땜에 엄청 화가 났어요. 정말 꼭지가 돌았죠. 저는 규칙에 대해 아주 분명히 말해 왔어요. 우리가 집에 없을 때는 허락 없이 친구를 들이지 말고, 음주는 절대 안 된다는 거죠. 경찰에서 전화가 왔는데 우리 집에서 시끄러운 소리가 난다고 이웃집에서 신고를 했다는

겁니다. 완전 미칠 것 같았어요.

치료자: 지금 얘길 하시는 걸 들으니 얼마나 화가 나셨을지 알겠네요.

노아: 선생님이라면 화가 나지 않으시겠어요? 전 여전히 창피하네요.

치료자: 물론 그런 일은 화나게 할 만합니다. 당신의 화난 부분에게 그런 반응이 이해가 간다고 얘기해 주세요.

    * 화난 부분 타당화하기

노아: 선생님께서 이해하신다니 기쁘네요.

발견하기, 초점 두기

치료자: 화난 부분이 약간 좀 분리될 용의가 있다면 우리가 그 부분의 얘기를 더 잘 들을 수 있겠네요.

    * 탈혼합하기

노아: 선생님은 저의 감정들이 겁나지 않으세요?

치료자: 전혀요. 당신의 감정들은 우리에게 중요한 정보를 품고 있다는 걸 알아요.

    * 그 부분을 계속해서 타당화함. 잠시 후 노아의 목소리와 몸의 자세가 부드러워진다.

노아: 제가 꼬마였을 때 아무도 저의 감정을 너그럽게 봐주지 않았어요. 저는 누구에게도 결코 상처 주지 않았어요. 저는 단지 상황들을 강렬하게 느낄 뿐입니다.

친해지기

치료자: 화난 부분의 감정에 대해 우리는 괜찮다는 것 그리고 우리는 화난 부분에 대해 모든 걸 듣고 싶어 한다는 걸 알려 주세요.

    * 다른 이들을 놀라게 하고 불인정을 경험한 부분 환영하기

∞

화난 부분들은 특히 거절에 민감하다. 그리고 거절에 익숙하다. 하지만 이 사례가 보여 주듯이, 화난 부분들은 진정성 있는 염려와 관심으로 환영을 받게 되면 진정하게 되고 종종 감사하는 마음을 갖는다.

내담자가 과다각성되었을 때 인지적인 마음에 접속하기

치료자는 한 시에 약속이 잡힌 티나를 데리러 대기실에 간다. 티나는 분명 불안해하고 있다. 치료자는 티나를 맞이하고 상담실로 함께 향할 때 티나는 기다리지 못하고 얘기를 시작한다.

티나: 남편이 바람을 피우고 있어요!

치료자: 우리가 상담실에 들어가면 더 얘기해 주실 수 있어요.

티나: 맙소사, 전 제정신이 아니에요.

치료자: 거의 다 왔어요. 어떤 일이 일어나고 있는지 듣고 싶네요.

　　* 치료자는 상담실 문을 닫는다.

치료자(계속): 무슨 일인지 말씀해 주세요.

티나: 지난밤에 그이의 전화기에서 어떤 여자가 보낸 문자를 봤어요.

치료자: 내용이 뭔가요?

티나: 당신이 보고 싶어서 내일까지 기다릴 수 없어요.

치료자: 그게 전부인가요?

티나: 네. 이 여자는 누구죠? 남편은 왜 저한테 부정을 저지르는 거죠?

암묵적 직접 접속

치료자: 좀 천천히 이 사태를 우리가 함께 파악해 보죠. 그 문자에 대해 남편에게 물어보셨나요?

　　* 치료자는 티나의 당황한 부분을 향해 내담자가 얘기하도록 요청하기보다, 치료체계(theraputic system)의 참나로서 역할을 하면서 그 부분에게 단순히 직접 얘기하기 시작하는데, 이는 부분에게 직접 얘기할 수 있도록 허락을 요청하는 '명시적 직접 접속(explicit direct access)'과 대조적으로 우리는 이를 '암묵적 직접 접속(implicit direct access)'이라고 부른다.

티나: 아뇨, 물론 아니죠. 그러면 제가 알고 있다는 걸 그가 알게 될 거예요.

치료자: 그 사람한테서 온 다른 문자를 보신 게 있나요?

티나: 아뇨.

치료자: 그가 바람을 피우고 있다는 걸 무엇으로 확신하시나요?

티나: 다른 뭐가 필요하죠?

발견하기

치료자: 음, 그건 직장 동료에게서 온 것일 수 있죠. 남편이 플라토닉 방식으로 만나기로 계획한 오랜 친구나 다른 누군가일 수도 있지요. 누가 알겠어요? 하지만 당신에게 정말로 활성화된 부분이 있다는 걸 알겠습니다. 그리고 그 부분이 당신에게 여유 공간을 좀 줄 용의가 있는지 궁금하네요.

티나: 제 결혼생활 전체가 위태로운데 어떻게 제가 긴장을 풀 수 있겠어요?

내면으로 들어가기

치료자: 이 부분이 당장은 긴장을 풀고 싶어 하지 않다는 뜻으로 들리네요. 질문을 하나 해도 될까요? 다른 관점을 가진 부분들이 얘기하는 게 있나요?

> *티나는 내면에 귀를 기울이고 그녀의 몸은 이완된다.*

티나: 음, 사실은 제가 오늘 여기로 운전하고 오면서 이게 오해일 수 있다는 생각이 스쳤어요.

치료자: 그 부분은 당신이 무얼 알았으면 하나요?

∞

이 사례가 묘사하듯이, 어떤 부분들의 지각이 과거 경험들에 의해 심각하게 왜곡되었을 때 우리는 내면에서 다른 조망들perspectives을 요청할 수 있다. 보다 평온한 부분들이—내담자의 참나와 함께—그곳에 있고, 당황한 부분들이 약간 탈혼합하는 도움을 얻게 되면 보다 평온한 부분들은 자신의 관찰을 제공할 수 있을 것이다.

교감신경 활성화의 탈혼합을 위한 하향식 전략들

1. 이성적 관점을 제공한다. 내담자가 자신의 반응에 대해 '이해하도록' 돕는다.
2. 내담자의 경험을 타당화하고 느낌을 언어로 표현한다. "짐작컨대, 당신이 …을/를 느낀다고 생각되는군요."
3. 명료하고 중심을 잡으면서 걱정을 표현한다(연민).
4. 이러한 전략들이 부분을 탈혼합하는 데 도움이 되지 않는다면 직접 접속으로 옮겨간다(Anderson, 2016).

철수 다루기

이 스펙트럼의 반대쪽 끝에, 증가하는 위험이 부교감신경계 배측背側, dorsal 가지를 활성화하면서 뇌의 몇몇 핵심 구조를 정지시킬 때, 과소각성 효과가 나타나기 시작하고 내담자는 자신의 몸, 감정, 이성적 마음과 단절된다(Anderson, 2016). 이것은 심각하게 손상될 위험이 증가했다는 신호이다.

과도한 억제 상태(Lanuis, 2010)인 과소각성은 매우 다른 치료 개입의 조합을 요청한다. 뇌 구조에서 보다 아래 지점에 위치하고, 보다 원시적인 뇌 영역에서 시작되는 과소각성은 연속선상에서 일어날 수 있는데, 몸 감각에 거의 접속하지 못하면서도 여전히 정서와 생각을 인지할 수 있는 내담자도 있고, 몸과 감정에서 완전히 연결이 끊어진 상태이지만 지적 능력은 유지할 수 있는 내담자도 있을 수 있다(Anderson, 2016). 고도로 인지적인 내담자들은 종종 지적인 부분들이 주로 작동하고 감각과 감정으로부터 단절되어 있다. 과소각성 상황에서 우리는 상향식 개입을 활용하여 우선 몸 감각에 초점을 맞추고, 그다음에는 감정들, 그리고 끝으로 신념에 초점을 맞추어서 이러한 부분들이 탈혼합하도록 돕는다.

내담자의 둔감화 수준을 평가할 몇 가지 질문이 있다.

- "당신의 발이 바닥에 닿아 있는 걸 알아차리고 계신가요?"
- "심호흡을 해 보실 수 있나요?"
- "저를 보실 수 있나요?"
- "당신이 지금 느끼고 있는 것들을 말로 표현해 주실 수 있나요?"

우리는 철수withdrawal에 대한 대응으로, 놀란 부분들이 요구하는 만큼의 시간과 공간, 통제권을 그들에게 주고자 한다. 왜냐하면 활성화로부터 회복되는 시간보다 철수로부터 회복되는 시간이 더 오래 걸리기 때문이다(Porges, 2011). 내담자가 완전히 정지된 것으로 보이면 우리는 다시 보조 두뇌가 되어 직접 접속으로 곧바로 옮겨 가는데, 직접 접속은 내담자를 마음챙김 상태로 빨리 이동하도록 도와준다.

속도를 늦추고, 과소각성에 직접 접속 사용하기

아리엘이 회기 중반에 있을 때, 상담실 문이 열리면서 어떤 커다란 목소리가 "존슨 박사 사무실이 어딘가요? 여기 처음 왔는데 못 찾겠네요."라고 물었다.

아리엘은 얼어붙었고, 문은 닫혔다.

치료자는 치료체계의 참나이다

치료자: 괜찮으세요? 제 말이 들리나요, 아리엘 씨? 제가 보이나요?

　　* 응답 없음. 이는 아리엘의 배측 부교감신경계가 활성화되었다는 것을 치료자에게 알려 주는 것이다.

치료자(계속): 내면에서 지금 어떤 일이 일어나고 있는지 제게 알려 주실 수 있나요? 당신이 분투하고 있는 것이 보입니다. 심호흡을 해 보시겠어요?

　　* 아리엘의 계속되는 무반응은 그녀가 정지해 있고 안전함을 느끼지 못하고 있음을 말해 준다.

치료자(계속): 손가락을 움직여 볼 수 있으세요?

　　* 손가락을 움직인다.

치료자(계속): 좋습니다.

　　* 아리엘은 몸을 움직일 수 있기에 연결이 완전히 끊어진(offline) 것은 아니다. 치료자는 장악하고 있는 부분에게 직접 얘기하기 시작한다.

직접 접속

치료자(계속): 저는 이제 장악하고 있는 부분에게 얘기하려 합니다. 난 여기 있어요. 당신과 함께 있어요. 어떤 식으로든 당신을 밀어붙이지 않을 거예요. 당신이 안전하게 느끼고 싶은 만큼 우리는 그렇게 해 줄 수 있어요. 당신이 대장이고 난 당신을 믿어요.

　　* 몇 분 후에 아리엘은 숨을 쉬고 치료자는 그녀가 돌아온 걸 안다. 그녀는 자세를 바로잡으면서 주변을 둘러본다.

아리엘: 저는 옷장 속에 들어갔어요. 거기는 어둡고 조용했어요. 그리고 멀리서 들려오는 소리를 들을 수 있었지만 제가 조용히 있으면 아무도 절 찾지 못할 거라고 생각했어요.

∞

여기서 보듯이, 트라우마 이력을 지닌 어떤 내담자들은 위협에 대한 대응으로 부교감신경의 둔화 상태로 들어간다. 어떤 부분이 내면에서 회피 행동을 취했다는 것을 우리는 알고 있고, 우리가 어떠한 압력도 가하지 않으면서 안심시켜 주는 태도로 부분에게 직접 말하면 내담자는 돌아올 수 있게 된다.

부교감신경의 과소각성은 상향식 전략을 요구하는데, 이는 내담자가 탈혼합하면서 상태를 전환하도록 돕는다. 너무 활동적이거나 너무 관여하거나 너무 직접적인 것은 부분을 겁먹게 해서 부분이 내면으로 회피해 버리기 때문에 더 단절될 수 있다. 과소각성에 대한 상담실 밖 전략은 정서 또는 신체에 기반을 두고, 걷거나 뛰기, 요가 자세 해 보기, 정원 가꾸기, 섹스하기, 음악 듣기, 또는 감성이 풍부한 영화 보기와 같은 것들이다.

부교감신경계의 철수를 탈혼합시키기 위한 상향식 전략들

1. 내담자의 철수 수준을 평가한다. "제 말이 들리나요? 숨을 깊이 들이쉴 수 있나요?"
2. 내담자들이 자신의 반동을 (이해가 아니라) '감지'하도록 돕는다. 우선 몸에 초점을 맞추고, 다음은 감정, 그다음은 신념에 초점을 맞춘다.
3. 연결감 및 애정 어린 양육(공감)을 표현한다.
4. 해야 할 일에 대한 생각을 내려놓는다. 속도를 늦추고, 신뢰를 표현한다.
5. 이러한 전략들이 성공하지 못한다면 직접 접속으로 옮겨 간다(Anderson, 2016).

명상   ## 극단적인 보호자들에 대한 치료자의 부분들

지침: 당신을 촉발하는 '활성화된 부분들activated parts'이 있는 내담자, 그리고 당신을 촉발하는 '둔감화된 부분들blunted parts'이 있는 내담자에 대해 이 실습을 시도해 본다.

당신을 촉발하는 내담자에 대해 생각해 본다.
- 그 사람을 마음의 눈으로 데려온다.
- 창문과 자물쇠가 달린 문이 있는 방에 그 사람을 둔다.
- 방 밖에 머물면서 창문을 통해 내담자를 바라본다.
- 내담자가 당신을 촉발하는 것들을 행하는 모습을 바라본다.

촉발되는 당신의 부분들을 알아차리고 적어 본다.

___

당신의 활성화된 부분들이 충분히 분리되어서 그들의 얘기를 명료하게 들을 수 있도록 할 용의가 있는지 확인한다.

___

내담자의 부분들이 활성화(과다각성) 또는 철수(둔감화)하는 것으로 보이는지 알아차린다.

___

내담자의 부분들에 대한 반응으로 당신의 부분들이 활성화 또는 철수하는지 알아차린다.

___

이제 당신의 부분들에게 잠시 당신 뒤에 서 있도록 요청하고 당신의 참나가 내담자와 함께 머물면서 내담자의 부분들이 촉발하는 것을 걸 지켜본다.

그러한 순간에 당신의 참나가 내담자와 함께 있는 걸 당신의 부분들이 지켜보는 것이 어떠했는가?

___

당신의 부분들은 당신이 다음 시간에 내담자와 함께 있는 걸 허용할 용의가 있는가?

___

이 작업이 완료되었다고 느낄 때 내담자를 그 방에서 나오게 하고, 당신의 부분들이 자신의 존재를 드러내고 경험을 나누어 준 것에 대해 감사를 표한다.

직접 접속

극단적인 애착 결렬[상처]attachment rupture을 경험한 내담자들에게는 종종 아무도 믿지 않는 보호자들(그리고 때로는 추방자들)이 있다. 이러한 부분들은 흔히 참나를 보호할 목적으로 내면 깊숙이 또는 몸 바깥에 숨긴다. 그들이 치료에서 편안함을 느끼기 위해서는 인정, 통제권, 그리고 치료자와의 직접적인 관계가 그들에게 필요하다. 이 경우 보호자들은 탈혼합하지 않으려 하거나 대화를 거부한다. 또는 추방자들이 반복적으로 내담자를 압도한다.

직접 접속이 내면 소통과 다른 점

치료자, 내담자의 참나, 내담자의 부분들 사이의 삼자 대화 방식인 내면 소통과 달리 직접 접속은 양자 대화 방식이다. 치료자의 참나는 내담자의 목표 부분을 상대로 직접 얘기를 해 가면서, 부분이 내담자의 참나가 대화에 들어오도록 허락할 것인지에 대해 주기적으로 물어본다.

직접 접속의 양자 대화 방식에서 우리는 처음 네 단계(발견하기, 초점 두기, 구체화하기, 부분을 향한 느낌)를 취할 필요가 없고, 단지 치료자의 참나와 함께 내담자의 부분에게 말을 거는 것으로 시작한다. 직접 접속을 사용할 때 우리는 다섯 번째 단계에서 시작한다. 즉, 부분과 친해지고 나서 여섯 번째 단계로 넘어가서 부분의 두려움을 탐색한다.

직접 접속 방법

치료자는 부분에게 직접 말해도 되는지 허락을 요청하면서 시작한다. 이 사례에서는 해리성 부분이다.

• "당신을 장악하고 있는 그 부분에게 제가 직접 얘기해도 될까요?"

내담자는 고개를 끄덕인다.

• "좋아요. 마거릿을 장악하고 있는 부분에게 말하고 싶어요. 거기에 있나요?"

다섯 번째 단계: 친해지기

그런 다음 우리는 목표 부분에 대해 알아 가고, 그들과 친숙한 관계를 발전시키고자 한다.

- "너는 마거릿을 위해 어떤 일을 하고 있니?"
- "마거릿을 장악하는 일을 어떻게 해서 하게 되었니?"
- "너는 누구를 보호하고 있니?"
- "마거릿이 너에 대해 무엇을 알기를 바라니?"
- "이런 일을 하는 것에 대해 어떤 느낌이 드니?"
- "얼마나 오랫동안 이 일을 해 왔니?"
- "너는 몇 살이니?"

여섯 번째 단계: 두려움 탐색하기

마지막으로 우리는 치료의 진전에 가장 중요한 장애물인 보호자의 두려움에 대해 물어본다.

- "네가 이 일을 하는 걸 그만둔다면 어떤 일이 일어날까 봐 걱정하는 거니?"

내면 소통을 할 때 보호자의 두려움을 이끌어 내는 것에 관해 언급했듯이, 보호자들에게는 몇 가지 전형적인 걱정들이 있다.

1. 이 일에서 자신이 필요 없게 되면 자신이 사라지고 말 것이다.
2. 보호자들이 내담자의 참나가 나타나도록 허용한다면 치료는 끝날 것이고 치료자와의 관계도 끊어질 것이다.
3. 비밀이 드러날 것이다.
4. 내담자는 고통으로 압도될 것이다.
5. 치료자는 추방된 자의 고통을 다룰 수 없을 것이다.
6. 부분이 긴장을 풀면 양극화한 보호자가 장악할 것이다.
7. 참나 에너지는 위험해서 처벌을 받게 될 것이다.
8. 참나는 없다.
9. 보호자가 저지른 손상에 대해 치료자가─또는 다른 부분들이─보호자를 심판할 것이다.

10. 변화는 내담자의 내면체계를 불안정하게 만들 것이다.

직접 접속을 할 때 체계에서 부분의 역할을 이해할 때까지 경청하고 나서 그들이 하는 일의 중요성을—그 역할의 결과가 얼마나 해로웠는지와 관계없이 그 당시에는 생존을 위해서 결정적으로 중요했다는 것을—타당화해 준다. 다음은 직접 접속의 세 가지 사례이다.

- 첫 사례는 직접 접속을 평이하고 단순하게 예시한다.
- 두 번째 사례는 내면 소통에서 직접 접속으로 어떻게 단절 없이 이어가는가를 예시한다.
- 세 번째 사례는 탈혼합을 일방적으로 거부하는 양극화한 보호자들에 대해 어떻게 직접 접속을 사용하는지 예시한다.

직접 접속으로 보호자 알아가기

치료자: 파티를 기피하는 부분과 제가 직접 얘기해도 될까요?

내담자: 네.

치료자: 좋아요.

 * 치료자는 허락을 얻고서 이제 그 부분을 직접 다룬다.

치료자(계속): 파티를 기피하는 부분과 얘기하고 싶은데. 거기 있니?

회피 부분: 네.

보호자의 두려움 탐색하기

치료자: 조가 파티에 가는 걸 네가 허용한다면 무슨 일이 일어날까 봐 걱정을 하는 거니?

회피 부분: 조는 먼저 스스로를 창피한 상태에 빠뜨린 다음에 여러 날 동안 자신을 비난할 거예요.

 * 회피 부분이 다른 부분들을 비난하고 있다.

치료자: 조에게 창피해하는 부분과 그를 비난하는 부분이 있다는 뜻이니?

회피 부분: 아뇨. 창피하게 만들곤 하는 부분과 그 후에 그를 비난하곤 하는 부분이 있다는 얘기예요.

치료자: 그렇구나. 창피하게 만드는 부분은 어떤 일을 벌이는데?

회피 부분: 비밀 누설요. 말을 너무 많이 해요. 잘못된 사실을 말하고요. 사람들을 깜짝 놀라게 만들

어요.

치료자: 창피하게 하는 부분이 조를 압도하지 않겠다고 약속한다면 조가 그 부분에 대해 더 알아 가도록 허용해 줄 수 있겠니?

> * 치료자는 창피하게 하는 부분에 대해 더 알아보길 원한다. 그 부분은 조의 삶에 관한 사적인 세부사항들을 낯선 사람들에게 드러내는—도움을 구하면서—추방자인가? 또는 조의 추방자를 돌보기 위해 사람들을 끌어모으는 식의 어떤 의도를 가진 보호자인가?

회피 부분: 그러지요 뭐. 그가 왜 성가시게 그러는지 모르겠지만요.

> * 회피 부분은 '창피하게 하는' 부분에 대하여 부정적인 시각을 갖고 있다.

치료자: 창피하게 하는 부분이 누군가를 보호하고 있거나 도움을 필요로 하는지 알게 되면 조가 그 부분을 도울 수 있을 거야.

회피 부분: 음, 그런 생각은 못해 봤네요.

치료자: 네가 허락한다면 당황하게 하는 부분을 어떻게 도울지 내가 조에게 어떤 식으로든 보여 줄 수 있어. 그리고 그게 효과가 없어도 너는 여전히 파티를 피할 수 있어.

회피 부분: 좋아요. 해 보세요.

∞

초기에 내담자에게 직접 접속을 시도하는 것은 이상하고 약간 좀 어색하게 느껴질 수 있지만, 보호자의 두려움에 대해 알 수 있는 훌륭한 방법이다. 특히 경계하면서 그 어떤 통제권도 넘겨주지 않으려 하는 보호자들을 다룰 때 그렇다. 여기서 알 수 있듯이, 조의 회피 부분은 다른 극단적 부분들에 대해 예민한 시각을 갖고 있어서, 그 부분에게 직접 얘기함으로써 내면 소통으로 접속할 수 없었던 내면의 중요한 역동을 드러냈다.

내면 소통에서 직접 접속으로 옮겨 가기

발견하기: 내면 소통

치료자: 가브리엘라 씨에게는 통제권을 쥐고 있길 좋아하고 자기가 마치 당신인 것처럼 여기는 부분이 있습니다. 지금 그 부분이 주도하고 있는 걸로 감지되는군요. 그걸 알아차리고 계신가요?

> * 부분이 내담자와 어느 정도까지 혼합되어 있는지 확인하고 있음

가브리엘라: 아뇨. 그게 그냥 저인 것처럼 느껴져요.

> * 부분은 상당히 혼합되어 있다.

직접 접속으로 전환하기

치료자: 알겠습니다. 제가 보기엔 그 부분이 가브리엘라 씨의 삶에서 꽤 활동적인 것 같네요. 제가 그 부분과 직접 얘기해서 우리가 그 부분의 의도를 더 잘 이해할 수 있도록 허용해 주실 수 있을지 궁금합니다.

가브리엘라: 물론 그렇게 하셔도 돼요. 그게 부분이란 걸 전 정말 모르겠네요.

직접 접속

치료자: 고맙습니다. 그럼 가브리엘라의 일상을 담당하고 상황을 통제하는 부분에게 직접 얘기하고 싶군요. 거기 있니?

가브리엘라의 관리자 부분: 누군가 책임을 지고 있어야 해요.

치료자: 책임지는 자리에 있을 필요가 있는 누군가에 대해 좀 더 말해 줄래?

가브리엘라의 관리자 부분: 음, 누군가 책임 있는 자리에서 상황에 대처할 필요가 있어요.

친해지기

치료자: 그럼 네가 책임을 지고 상황에 대처하는 부분이구나, 그렇지?

가브리엘라의 관리자 부분: 네, 누군가 해야 해요.

치료자: 누군가 해야 한다는 건 무슨 뜻이니?

가브리엘라의 관리자 부분: 가브리엘라는 언제나 압도되곤 해요. 거의 뭐든지 힘들게 처리하곤 하죠. 겨우 끝마쳐요.

치료자: 알겠구나! 네가 중요한 직무를 맡고 있는 것 같구나. 네가 가브리엘라의 몸 안, 피부 또는 몸 주변 어디에 머물고 있는지 얘기해 줄 수 있니?

  * 부분 타당화하기, 그러고 나서 내담자의 몸에서 부분의 위치 발견하기

가브리엘라의 관리자 부분: 나는 모든 곳에 있어요. 그래야만 해요. 하지만 대개는 그녀의 머리에 있는 것 같아요. 전에 말했듯이 누군가 책임을 지고 있어야 해요.

보호자의 두려움 탐색하기

치료자: 네가 상황에 대처하지 않고 그것들을 통제하지 않으면 어떤 일이 일어날 것 같니?

가브리엘라의 관리자 부분: 상황에 대처하지 않는 건 상상조차 할 수 없어요. 나는 오랫동안 책임을 지고 있었어요.

친해지기

치료자: 그것에 대해 궁금해하고 있었어. 그 일을 처음 맡게 된 때를 알고 있니?

가브리엘라의 관리자 부분: 감히 망치려고 하지 마!

치료자: 누가 그렇게 얘기한 거니?

가브리엘라의 관리자 부분: 가브리엘라의 아빠가 가브리엘라에게 항상 소릴 질렀어요. 가브리엘라는 실수를 저지르거나 자기 언니만큼 잘하거나 약삭빠르지 못했어요. 아빠는 엄마와 결혼하기 전에 군대에 있었고 엄격했어요.

치료자: 정말 이해가 되는구나. 내가 제대로 이해했는지 볼까. 네가 상황을 관리하고 통제하면서, 항상 옳은 일을 함으로써 자기 아빠에게 야단맞고 비난받던 어린 소녀가 더 이상 실수하지 않도록 하는 가브리엘라의 부분이구나. 맞니?

   * 부분이 맡은 일 탐색하기

가브리엘라의 관리자 부분: 맞아요. 누군가는 그녀를 도와야 해요.

치료자: 완전히 이해가 되는구나. 어린 소녀가 혼나지 않게 지켜 주는 정말로 중요한 역할을 맡고 있구나.

   * 부분이 맡은 일 타당화하기

가브리엘라의 관리자 부분: 맞아요.

치료자: 만일 내게 이 문제를 해결할 수 있는 또 다른 방법이 있고, 네가 그렇게 힘들게 일할 필요가 없다는 걸 얘기해 준다면 어떨 것 같니? 좀 더 들어보고 싶니?

   * 부분이 뭔가 새로운 걸 시도해 보도록 초대하기

가브리엘라의 관리자 부분: 가브리엘라를 위한 일을 하지 않는 건 상상조차 하지 못하겠어요.

치료자: 그건 전적으로 네게 달려 있어. 우리가 어린 소녀에게 접속할 수 있도록 허락해 준다면, 가브리엘라가 그러한 상처를 치유할 수 있고 소녀를 안전하게 지킬 수 있어서 네가 이 일을 계속할 필요가 없을 거야.

가브리엘라의 관리자 부분: 그렇게 되면 아주 좋은 일이지만 그게 가능할지 믿어지지 않아요.

치료자: 이해할 수 있어. 그걸 어떻게 할지 나는 알고 있지만 소녀에게 접속하려면 너의 허락이 필요해.

   * 자신감 표현하기 그리고 허락 구하기

가브리엘라의 관리자 부분: 한번 해 볼게요.

치료자: 아주 훌륭해. 이 모든 걸 나한테 얘기해 줘서 고맙구나. 정말 큰 도움이 되었어.

가브리엘라의 관리자 부분: 누군가 기꺼이 들어준 게 기뻐요.

내면 소통으로 돌아가기

치료자: 가브리엘라에게 돌아가도 괜찮을까? 가브리엘라, 지금까지 진행된 걸 모두 들으셨나요?

가브리엘라: 와, 들었어요. 그 부분이 어린 소녀를 보호하려고 했다는 걸 몰랐어요. 고맙네요!

치료자: 그녀가 알도록 해 주세요.

가브리엘라: 인정해 준 걸 좋아하네요.

∞

보호자가 완고하게 혼합되어 있으려고 해서 직접 접속을 사용할 때, 우리는 부분과 친구가 될 특별한 기회를 갖게 된다. 조용한 부분들조차 초대를 받게 되면 종종 자유롭게 말한다. 가브리엘라 사례에서 보았듯이, 종종 가장 완고한 보호자들은 또한 가장 방심하지 않고 지키는 영웅적인 자들이기도 하다.

탈혼합하지 않으려는 양극화된 보호자들과 직접 접속 사용하기

만났다 헤어졌다 하는 카밀의 남자친구가 어느 봄날에 다른 주(州)에서 전화로 청혼을 해 왔다. 카밀은 점심시간에 산책을 하다가 멈춰 서서 전화기에 대고 악을 썼는데, 그때 보행자들과 동료들이 놀라고 의아해하면서 지나갔다고 한다.

카밀: 걔는 자기가 뭐라고 생각하는 걸까요?

　＊지금 카밀은 화난 부분과 혼합되어 있다.

발견하기

치료자: 카밀, 지금 누가 당신의 주의를 필요로 하나요?

카밀: 걔는 머저리 같아요. 걔와 함께 있으려고 전국을 횡단했는데, 이제 여기로 돌아오니까 청혼을 하네요!

　＊화난 부분이 초대를 무시하고 있다.

치료자: 이 부분인가요?

　＊치료자는 내담자의 참나를 계속해서 초대하고 있다.

카밀: 전 굉장히 창피했어요. 월요일에 제가 걷던 빌딩 앞으로 걸어 다니던 사람들이 얼마나 많았는지 아세요? 아름다운 날이었어요. 점심시간이었고요!

　　　　* 이것은 양극화한 보호자, 비난자이다.

치료자: 그 부분인가요?

　　　　* 치료자는 내담자의 참나에게 또 다른 초대장을 보내고 있다.

카밀: 그런 선동을 받아들이지 않을 거예요. 제가 땅바닥에 누워서 사람들더러 밟고 지나가라고 하는 편이 나을 거예요.

　　　　* 비난자 또한 치료자의 초대를 무시한다.

치료자: 전에 우리가 들었다고 생각되는 두 부분의 얘기가 들리는군요. 매튜에게 화가 나 있는 부분 그리고 화가 난 것에 대해 카밀 씨를 꾸짖는 부분이 있습니다. 두 부분 중 어느 부분이 먼저 카밀 씨의 주의를 필요로 하나요?

　　　　* 치료자는 양극화를 지적하면서 다시 내담자의 참나를 초대한다—이것은 물론 부분들에게 탈혼합하기를 요구한다.

카밀: 걔는 못되어 먹은 개자식이에요. 걔 연락처를 삭제했어요.

　　　　* 화난 부분이 다시 끼어든다. 이 부분들 중 어느 쪽도 탈혼합할 용의가 없다.

직접 접속

치료자: 제가 이 부분들과 직접 대화하면 어떨까요? 매튜에게 화난 부분 그리고 화난 것에 대해 카밀을 비난하는 부분과 대화하고 싶군요. 둘 다 거기 있나요?

카밀: 네.

치료자: 차례로 대화할 수 있겠어요?

　　　　* 치료자는 그들에게 협동하도록 요청한다.

카밀: 물론이죠.

두 부분과 직접 접속

〈첫째 부분〉

치료자: 카밀을 비난하는 부분과 우선 대화하고 싶네요. 당신이 그렇게 하는 걸 멈춘다면 무슨 일이 일어날까 봐 걱정이 되나요?

　　　　* 치료자가 비난자를 먼저 선택한 것은 비난자가 협조하기 전까지는 화난 부분이 협조하지 않을 것 같기 때문이다.

카밀의 비난자: 그녀는 모두를 멀리해 왔어요.

치료자: 나빴겠군요. 우리는 그녀가 모두를 멀리하길 바라지 않아요. 카밀이 상처받았다고 느끼는 부분을 도울 수 있고 카밀이 그렇게 크게 화낼 필요가 없다면, 당신이 카밀을 이런 식으로 비난할 필요가 있을까요?

　　* 치료자는 비난자의 걱정들을 타당화하면서 새로운 선택안을 제공한다.

카밀의 비난자: 카밀은 언제나 화를 낼 거예요.

　　* 비난자는 내담자의 참나를 인정하지 않고 화난 부분만 보고 있는 듯하다.

치료자: 잠시 후 내가 화난 부분과 대화를 나눌 거예요. 하지만 그 부분에 대해 내가 언급하려는 건 아니에요. 부분이 아닌 존재 카밀에 대해 얘기할 거예요. 카밀은 화난 부분과 상처받았다고 느끼는 부분을 도울 수 있어요. 당신은 카밀을 알고 있나요?

　　* 치료자는 카밀에게 참나가 있다는 생각을 소개하고 있다.

카밀의 비난자: 아뇨.

　　* 치료자는 참나가 보호자 둘 다를 똑같이 도울 수 있다고 역설한다.

치료자: 내가 이제 화난 부분과 대화하고 나서 당신과 화난 부분 둘이서 부분이 아닌 존재 카밀을 만날 수 있도록 하는 게 어떤가요?

카밀의 비난자: 좋아요.

〈둘째 부분〉

치료자: 고마워요. 이제 화난 부분과 얘기하고 싶군요. 거기 있나요?

카밀의 화난 부분: 네.

치료자: 당신은 누구를 보호하고 있나요?

카밀의 화난 부분: 카밀요.

치료자: 카밀은 몇 살인가요?

　　* '카밀'이라는 대답은 화난 부분이 추방자를 보호하고 있음을 의미한다.

카밀의 화난 부분: 열여섯 살요.

치료자: 그럼 도움을 필요로 하는 열여섯 살짜리가 있는 거군요. 당신이 허락한다면 카밀의 핵심, 즉 부분이 아닌 존재 카밀이 열여섯 살짜리를 도울 수 있어요. 그러고 나면 당신은 그렇게 힘들게 일하지 않아도 돼요. 그게 좋을까요?

　　* 치료자는 화난 부분의 걱정들을 타당화하고 새로운 선택안을 제공한다.

카밀의 화난 부분: 네.

∞

때때로 양극화한 부분들은 서로 말다툼을 할 때 돌아가면서 혼합된다. 그 결과는 피상적인 관찰자에게 같은 몸에 거주하는 두 사람이 갈등관계에 있으면서 말다툼하는 것처럼 이상하게 보일 수 있다.

　일단 카밀의 양극화한 부분들이 동의하게 되면 그들은 카밀의 참나를 만날 수 있고—내면 소통으로 이동하면서—카밀이 추방자의 치유를 도와서 두 부분 모두 보호자 역할을 내려놓을 수 있다.

| 실습 | **부분 체현하기*** |

지침: 먼저 보호 부분을 발견하고 확인해서 보호자를 체현함으로써 당신 자신에게 직접 접속을 시도한다.

부분이 체현하도록 하고, 부분이 당신을 위해 하는 것을 보여 주도록 요청한다.

- 부분은 특정 방향으로 움직이고 싶어 할 수 있다.
- 부분은 말(하거나 노래하거나 소리를 지르거나 등등)하고 싶어 할 수 있다.
- 부분은 당신이 알아봐 줬으면 하는 특정한 자세나 표정을 갖고 있을 수 있다.
  - 당신이 제대로 이해했는지 부분에게 물어보라.

부분이 얼마나 오랫동안 이런 방식으로 당신을 도왔는지 물어본다.

부분이 당신을 위해 이런 일을 하지 않는다면 어떤 일이 일어날지 물어본다.

당신이 그 부분의 역할을 충분히 이해했는지 또는 뭔가 더 있는지 부분에게 물어본다.

부분이 보호하고 있는 부분을 당신이 도와도 될지 물어본다.

---

* '체현하기'는 'embody'의 역어로서 '구체화하다(flesh out)'라는 의미도 포함된다.─역자 주

실습 | 직접 접속

지침: 직접 접속은 치료자의 참나가 내담자의 부분들에게 직접 얘기하는 양방향 대화인데, 내담자의 참나가 들어와서 대화에 참여할 수 있을지에 대해 주기적으로 물어본다. 직접 접속에서 치료자가 부분에게 말을 한다.

　당신은 내담자와 직접 접속을 사용할 수 있고, 또는 실습을 위해 동료와 역할 연기를 하거나 내담자의 보호 부분들을 체현해서 치료자 역할과 내담자 역할 사이를 왔다갔다 하면서 해 볼 수 있는데, 의자를 바꾸거나 긴 의자에서 한쪽에 앉았다가 다른 쪽으로 옮기면서 해 볼 수 있다. 이 연습을 보호자와 함께 시도해 본다.

1. "보호 부분과 직접 얘기하고 싶습니다. 거기 있나요?"

2. "＿＿＿＿＿ (영희)를/을 위해서 어떤 일을 하고 있나요?"

3. "이 일을 얼마나 오랫동안 해 왔나요?"

4. "어떻게 지내나요?"

5. "당신이 그만둔다면 어떤 일이 일어날까 걱정되나요?"

6. "우리가 그 부분(이 부분이 그만둔다면 장악을 해서 뭔가 문제를 일으키는 부분)을 도울 수 있다면, 당신은 여전히 이 일을 할 필요가 있을까요?

7. "당신은 부분이 아닌 존재 _____ (영희)를/을 만난 적이 있나요?"

8. "그녀를 만나고 싶은가요? 그녀는 당신과 당신이 걱정하는 부분들을 도울 수 있어요."

9. "당신이 걱정하는 부분이 _____ (영희)를/을 장악하지 않겠다고 동의한다면 그녀가 그 부분을 도울 수 있도록 허락할 수 있나요?"

보호자 초대하기

우리가 내면 소통을 사용하든 직접 접속을 사용하든 일단 보호자와 6F 단계를 통과하게 되면, 내담자의 참나가 부분의 일과 두려움에 대해 잘 이해한다는 사실을 부분이 느끼게 되리라 본다. 우리가 거기까지 성공하게 되면, 우리는 부분과 관계를 맺게 되고 추방자의 근원적인 문제에 대해 대안적인 해법을 부분에게 제공할 수 있다. 우리가 열심히 일하는 보호자들―이들의 노력은 일반적으로 잘해야 좋음과 나쁨이 혼합된 결과를 가져온다―을 초대하는 것은 새로운 뭔가를 시도하는 것이다. 격려의 일환으로 우리는 부분이 '새로운 뭔가를 시도하는 데서 감수하게 될' 위험은 '최소화될 것이고("너는 언제든 되돌아가서 네가 하던 일을 할 수 있어."), 상처 입은 부분은 치유될 수 있으며, 그 부분은 내담자의 참나와 함께 안전하게 있을 수 있다고 역설한다.

보호 부분들에게 우리가 이야기해 주는 것

"만일 이 어린 소녀가 세상에 홀로 있다는 고통을 더 이상 느끼지 않게 된다면 네가 그 소녀를 보호할 필요가 있을까?"

"소녀를 치유할 방법이 있어. 그리고 소녀가 치유되면 너는 다른 일들을 자유롭게 할 수 있게 될 거야. 관심 있어?"

보호 부분들은 보통 예전에 어쩔 수 없이 떠맡게 된 역할들을 그만둘 기회를 환영한다. 우리는 그들을 제거하기보다는 그들의 일을 제거하는 도움을 주고 싶다는 사실을 분명하게 한다. 이런 방식으로 우리는 그들에게 다른 미래를 향한 새로운 가능성과 희망을 제공한다.

6F의 목표

먼저, 우리는 보호 부분을 발견하고, 초점을 두고, 구체화하여 그 부분이 탈혼합하고 내담자의 참나를 알아차리도록 돕는다. 그다음, 우리는 다른 부분들이 탈혼합함으로써 내담자의 참나가 작용할 수 있도록 돕기 위해서 내담자가 목표 부분에 대해 어떻게 느끼는지 묻는다.

끝으로, 우리는 목표 부분과 친해지고, 그의 두려움을 탐색하며, 뭔가 새로운 걸 시도하도록 초대한다. 보호 부분들에 대한 우리의 목표는 추방된 부분들에게 접속해서 그들을 치유할 수 있도록 허락을 얻는 것이다.

제4장

/

보호자와의 동맹에서 겪는 공통적인 도전

보호자의 두려움이 연속성의 단절을 부추길 때

종종 보호 부분들은 주의전환distracting을 통해 작업을 궤도에서 이탈시키려고 한다. 그들이 추방자를 의식 밖에 묶어 두려고 노력하고 있다는 것을 기억하라. 이 경우 내담자가 지난주에 있었던 것들을 잊어버리거나 보호자가 지난주에 다루던 부분에게 되돌아가는 것을 회피하기 위해 주제를 바꾼다면, 우리는 이를 하나의 기회로 삼는다.

보호자가 연속성에 반대한다

치료자: 지난 회기 끝부분에서 우리가 대화를 나눴던 그 부분(그 부분을 지칭하거나 묘사한다―어린 소녀, 어린 소년, 아기 새 등)에게 되돌아가길 원치 않는 어떤 부분이 당신에게 있는 것으로 들립니다.

  * 이 부분이 내담자가 지난주의 그 부분에 의해 압도되는 것에 대해 걱정하고 있다면,

치료자: 알겠습니다. 이해됩니다. 저 역시 그런 일이 벌어지는 걸 원치 않습니다. 어린 소녀(어린 소년, 아기 새 등)가 압도하지 않을 것에 동의한다면 이제 다시 그녀(그, 그 부분)와 대화를 나누어도 괜찮을까요?

  * 그건 더 이상 중요하지 않다고 이 부분이 말한다면, 또는 뭔가 다른 게 훨씬 더 중요하다고 말한다면,

치료자: 알겠습니다. 하지만 전 호기심이 생기네요. 이번 주에 _____ (내담자의 현재 걱정)에 주의를 기울이는 것과 관련해서 가장 중요한 게 무엇인지 물어봐도 될까요?

무슨 일이 벌어지든 참나 속에 머무르라

내담자의 현재 걱정이 긴급해서 즉각적인 주의를 필요로 한다면(의사결정이 이루어져야 한다, 대응이 필요하다 등), 아울러 특히 그런 일이 항상 생기는 게 아니라면, 다음 과정을 따르는 걸 선택할 수도 있다.

  * 당신이 이러한 교섭 상황에 있을 경우 당신 자신의 참나 에너지를 확인함으로써 참나가 이끌고 있다는 느낌을 확실히 갖도록 한다.

  * 그리고 계속 나아가기로 결정했다면, 우선 내담자에게 지난주의 목표 부분에 대해 그 부분이 어떻게 지내고 있는지 확인하도록 요청하고, 주제를 변경하는 것에 대해 그 부분의 허락

을 얻고, 다음 주에 그 부분에게 되돌아갈 계획을 세우고 나서 마무리한다.

힘들게 일하는 보호자들을 도와라

하지만 현재의 위기들에 의해 내담자가 만성적으로 방해받는 혼란스러운 삶을 살고 있다면 교섭을 계속한다. 이런 경우 내담자의 보호자들에게 IFS 치료의 포괄적인 목적을 적극적으로 선전하는 것(슈워츠가 '희망 상인'이라 부르는 것)은 좋은 생각일 수 있다.

희망 상인

치료자: 저는 내담자들의 가장 취약한 부분들이 더 나은 기분을 느낄 수 있도록 이끌었던 경험이 많이 있습니다. 그러면 힘들게 일하던 보호 부분들도 더 나은 기분을 느낄 수 있습니다.

　　　* 그러고 나서 내담자의 보호자들이 지닌 두려움들을 타당화한다.

치료자(계속): 보호자들로서는 당신이 취약한 부분에게 다가가도록 허락한다는 게 정말 두려울 수 있다는 걸 저도 압니다.

　　　* 그리고 마지막으로 안심을 시킨다.

치료자(계속): 하지만 우리는 이 작업을 안전하게 할 수 있습니다. 그들이 당신에게 솔직하게 말한다면 우리는 각각의 걱정을 다룰 수 있습니다. 그들이 당신에게 무엇이 걱정인지 이야기할 용의가 있나요?

보호자의 두려움 탐색하기

주제를 바꾸길 원하는 부분이 여전히 고집을 피운다면 그 부분이 긴급함을 느끼는 점을 타당화하는 것 또한 좋은 생각이다.

치료자: 당신의 삶에 여전히 우여곡절이 많고 요즘 사람들과의 많은 상호작용들이 당신에게 불안감을 일으키고 있다는 걸 알고 있습니다. 이러한 문제를 개선하려고 당신을 치료에 데려온 부분들이 있습니다. 하지만 그들이 생각하는 것은 침울한 기분을 느끼면서 당신을 압도시키려고 위협하는 부분들과 많이 어울려 다니겠다는 건 아닙니다. 제가 옳게 짚었나요?

대답이 '예'라면

치료자: 이 모든 우여곡절을 다루기 위해 당신을 치료에 데려온 부분들이 당신을, 부분이 아닌 바로 그 샐리를 알고 있나요? 샐리, 당신은 부분이 아니라는 것을요?

　　　* 내담자의 참나를 체계에 소개하는 데 초점 두기

대답이 '아니요'라면

치료자: 좋습니다. 그렇다면 제가 여기서 뭔가 중요한 걸 놓치고 있는 게 분명하군요. 지난주에
살펴봤던 부분들을 이번 회기에 이어서 작업하기로 약속하는 것이 왜 어려운지에 대해 우
리가 잠시 호기심을 가져도 괜찮을까요?

　* 주제를 바꾸는 현상을 관찰하면서 호기심 갖기

∞

보호자들이 회피적인 행동을 취할 때 끈기와 호기심으로 대응하는 게 중요하다. 그들의 걱정은 정
당하다. 당신이 열린 생각과 열린 마음으로 대한다면 그들은 자신의 걱정을 당신과 나눌 것이다.

양극화된 부분들

　보호 부분들은 취약성, 그리고 사랑스럽지 않다는 느낌에서 오는 정서적 고통을 문젯거
리로 본다. 어떤 부분들은 이러한 고통이 의식에 도달하는 걸 방지하기 위해 사전 대응 작업
을 한다. 또 어떤 부분들은 그 고통이 의식에 도달하면 억압과 주의분산을 위해 반사적으로
reactively 움직인다. 어느 쪽이든 그들이 정서적 고통의 문제를 해결하기 위해 노력할 때 판에
박힌 듯 모순적인 전략들을 꺼내 놓고 논쟁과 불화로 돌입한다. 취약성을 어떻게 숨기거나 다
루냐에 대해 다투는 부분들을 '양극화된 부분들'이라 부른다―각각은 다른 방향으로 내담자
의 행동에 영향을 미치려고 한다.

　우리는 이러한 부분들이 다음과 같은 사항들을 공유하고 있다는 것을 알고 있다―둘 다 정
서적 고통의 문제를 해결하려고 노력하고 있고, 둘 다 실패하고 있으며, 우리가 효과적인 새
로운 선택을 제공할 수 있다면 둘 다 이득을 얻는다. 따라서 우리는 희망 상인이 충분히 될 수
있다. 우리는 진정 그들의 문제를 해결하고 그들의 변화가 가능하도록 해 줄 선택안을 가지고
있다.

실습   **양극화된 부분들과 상호 무장해제 교섭하기**

자신의 내면체계에 물어본다.

• "이 문제에 대한 모든 선택안들을 나에게 차례로 이야기해 주길 바라. 너희가 얘기하는 걸 받아
적을게."

당신이 듣는 건 뭐든지 받아 적되, 모순이나 불화disagreements(양극성)를 알아차린다.

_____

_____

_____

이러한 부분들에게 물어본다.

• "어느 부분 또는 어느 부분들의 팀이 먼저 나의 주의를 필요로 하는가?"

_____

_____

_____

그러고 나서 토대 질문으로 되돌아간다.

• "[그 목표 부분]에 대해 어떤 느낌이 드는가?"

_____

_____

_____

그 대답이 만약 참나 에너지(제1장의 'IFS 용어 해설' 중 '8C' 참조)를 가리키는 단어 중 하나라면
6F를 사용하여 목표 부분과 대화하는 걸 계속 진행한다. 그 대답이 그 밖의 것이라면 다른 부분
이 반응하고 있는 것이다. 그 부분이 분화하도록 도와서 당신이 그 목표 부분과 대화할 수 있도록
한다.

극단적인 보호자들의 양극화 다루기

종종 트라우마 생존자들의 외부 환경은 불안정하고 혼돈스럽다. 하지만 내담자의 삶이 안정적으로 보임에도 보호자들이 극단적일 때, 내면의 뭔가가 위험을 느끼고 있다고 추측할 수 있다. 우리는 극단적인 보호자들에게서 신뢰를 기대하거나 요구하지 않는다―우리는 그들에게 신뢰를 얻을 기회를 달라고 요청한다. 우리의 목적은 극단적인 보호자들을 설득해서 새로운 뭔가를 시도하도록 하는 것이다―'설득한다persuade'라는 핵심 용어와 함께. 이러한 부분들은 이미 내적으로 변화의 압력을 받고 있기 때문에 외부의 통제 노력에 대해 고도로 민감하다. 그들의 관심을 얻기 위해서 우리는 타당화하는 걸로 시작한다. "나는 네가 왜 그렇게 행동하는지 이해가 돼." 그리고 우리는 통제를 포기한다. "네가 대장이야." 또는 "네게 선택권이 있어."

동시에 우리는 경계하는 부분들을 안심시킨다.

- "너와 너의 일은 달라. 네가 이 일을 그만둔다고 해도 너는 여전히 존재할 것이고 자유로워질 거야."

우리는 또한 초대한다.

- "이 일을 더 이상 할 필요가 없다면 어떤 걸 하고 싶니?"

우리는 희망을 제공한다.

- "네가 허락한다면 취약한 부분이 압도하는 걸 멈추도록 우리가 도울 수 있어."

그리고 다음과 같이 제의한다.

- "유익한 점이 많은 효과적인 대안이 있어―네가 할 일이라곤 내담자의 참나를 만나는 것뿐이야."

내담자에 의해 불러일으켜지는 우리 자신의 부분들과 함께하면서도 명료하고 자신감 있게 머무는 것이 우리의 도전과제이다. 아울러 극단적인 부분들(예: 내담자가 분명히 해리되어 있거나 모든 것이 텅 비어 있다고 보고한다)이 내담자가 위험에 처한 어린아이라고 믿어서 긴장을 풀고 분화되지 않으려고 한다면, 우리는 직접 접속으로 옮겨 갈 수 있다("제가 이 부분과 직접 얘기해도 될까요?"). 우리는 종종 해리성 정체감 장애(DID)로 진단받은 내담자들에 대해 직접 접속을 사용하는데, IFS에서는 DID를 어떤 희생을 치르더라도 감정과 참나를 의식 바깥에 붙들어 두려는 일련의 극단적인 양극화로 본다.

양극화의 두 가지 사례

IFS 치료는 추방자에 집중하기 전에 보호자들 간의 관계를 추적한다. 두 사례로 살펴볼 수 있는데, 첫 번째는 두 보호 부분들 사이의 양극성을 예시하고, 두 번째는 네 살짜리의 보호자와 자신만의 의제가 있는 십대 부분 간의 양극화를 묘사한다.

분화하지 않으려는 양극화된 보호자들과 작업하기

한 보호자가 내담자가 다른 보호자의 얘기를 듣길 원치 않을 경우 방해를 할 것이다. 다음에 묘사되는 제러미의 갈등은 마리화나를 피우는 부분과 걱정하는 부분 사이에서 일어난 것이다.

부분을 향해 느끼기

치료자: 제러미 씨, 걱정하고 있는 부분에 대해 어떤 느낌이 드세요? 그 부분은 요즈음 특히 제러미 씨가 마리화나를 피우는 것에 대해 걱정하고 있지요, 맞나요?

제러미: 그 부분이 싫어요.

　＊ 반사적인 2차 부분, 아마도 마리화나 흡연자

보호자의 두려움 탐색하기

치료자: 좋아요. 그 부분을 싫어하는 부분은 자신이 긴장을 풀고 제러미 씨가 걱정하는 부분과 대화하도록 허용한다면 어떤 일이 일어날까 봐 걱정하나요?

제러미: 걱정하는 부분이 장악하게 될 거고 걱정하는 게 제 인생이 되어 버릴 거예요!

　＊ 걱정하는 부분과 마리화나 흡연자 사이의 양극화

치료자: 그리고 또 다른 점은요?

제러미: 일만 하고 놀지 못해요! 불안해요. 지루해요.

　＊ 마리화나 흡연자가 섞여 있다.

치료자: 마리화나 흡연자가 얘기하고 있는 건가요?

제러미: 네. 그런 것 같아요.

치료자: 걱정하는 부분이 제러미 씨를 장악하지 않겠다고 동의한다면, 마리화나 흡연자는 당신이 호기심을 갖고 그 부분의 걱정에 대해 더 알아보도록 허용할 용의가 있나요?

   * 양극성 상태의 두 부분이 동시에 분화하도록 교섭하기

제러미: 그건 절대 효과가 없을 거라고 마리화나 흡연자가 말하네요. 저도 그의 말에 동의합니다.

희망 상인

치료자: 걱정하는 부분에게 장악하지 말아 달라고 요청하는 건 가치 있다고 확신합니다. 마리화나 흡연자가 우리에게 허락을 할까요?

   * 끈기 있게 설득하기

제러미: 그 부분이 승낙하네요. 마음대로 하세요.

치료자: 좋습니다. 그럼 마리화나 흡연자가 긴장을 풀면 걱정하는 부분도 장악하지 않을 용의가 있는지 물어보세요.

   * 부분에게 장악하지 말도록 요청하기

제러미: 그렇게 하겠다네요. 하지만 가까이서 지켜보겠답니다.

치료자: 좋습니다. 이제 그들 모두가 제러미 씨와 함께 테이블 대화에 참여하도록 초대합시다. 그들과 함께하는 자신을 보는 게 아니라 그들과 함께 거기에 있는지 확인합니다.

   * 내담자의 참나가 현존하는지 확인하기

제러미: 그들과 함께 탁자에 있는 제가 보여요.

   * 이것은 '참나와 유사한 부분'이다―내담자의 참나를 대신하여 행동하는 보호자이다.

치료자: 좋아요. 제러미 씨 대신 앉아 있는 그 부분에게 옆으로 비켜서고 당신이 탁자 상석에 앉을 수 있도록 요청해 보세요. 괜찮을까요?

제러미: 제가 누군지 확실치 않네요.

내담자의 부분들은 참나를 아직 모른다

치료자: 제러미 씨를 소개하도록 합시다. 하지만 이 부분―그리고 다른 두 부분―이 허용할 때 당신은 거기에 있을 수 있습니다. 그들에게 달렸어요. 그들에게 그럴 용의가 있나요?

   * 끈기 있게 설득하기

제러미: 좋아요. 그 부분이 자리를 옮겼고 제가 그들 셋과 거기에 있습니다.

발견하기

치료자: 좋습니다. 누가 먼저 주의가 필요한지 물어보세요.

　　　　* 통제권을 내담자의 부분들에게 넘겨주기

제러미: 걱정하는 부분요.

부분을 향해 느끼기

치료자: 이제 걱정하는 부분에 대해 어떤 느낌이 드나요?

제러미: 호기심이 느껴져요. 그 부분은 무엇을 그렇게 걱정하는 걸까요?

　　　　* 내담자의 참나가 이제 가용한 상태에 있다.

∞

여기에 묘사된 시나리오는 매우 흔하다. 우리가 양극화된 부분들을 도울 때 우리는 본질적으로 여러 해 동안 해 왔을 공방을 뜨겁게 하고 있는 두 부분을 상대로 커플 치료를 하고 있는 것이다. 아울러 우리는 이 사례에서 제러미의 참나가 있을 자리에 처음부터 자신을 끼워 넣는 참나와 유사한 부분이 활동하는 걸 보게 된다. 이런 현상 역시 흔하다. 격렬한 갈등이 내면의 공포를 불러일으킬 때 보호자들에게는 새로운 뭔가를 시도할 시간이 없어 보일 수 있다. 정확히 그 반대를 주장하는 게 우리의 직무이다.

어린 추방자의 보호자와 추방된 십대 사이의 양극성 탐색하기

조지애너는 법률 회사에 다니는 한 여성과 사랑에 빠져서 자신의 결혼을 끝내는 걸 생각하게 되면서 치료에 오게 되었다. 조지애너는 자기 아내에게 아직 말하지 않은 상태이다. 그들에게는 고등학교와 대학교에 다니는 아들이 있다.

조지애너: 전 미쳐 가고 있어요. 가족을 돌보는 게 제 일인데요. 제겐 아이들이 있어요. 하지만 앨런과 저는 더 이상 성관계를 갖지 않고 있고, 저는 다른 사람하고 사랑에 빠졌습니다.

발견하기

치료자: 좋아요. 누가 먼저 조지애너 씨의 관심을 필요로 하나요? 가정을 돌보는 쪽인가요 또는 사랑에 빠져 있는 쪽인가요?

조지애너: 사랑에 빠진 쪽이요.

부분을 향해 느끼기

치료자: 그 부분에 대해 어떤 느낌이 드세요?

조지애너: 그녀가 안쓰럽게 여겨져요.

치료자: 그녀는 당신이 무얼 알아주길 바라나요?

조지애너: 인생은 짧다.

치료자: 그 밖에는요?

조지애너: 그녀는 진정 그런 마음이에요. 인생은 짧아서 최대한 충만하게 살지 않을 수 없어요.

치료자: 이해가 되시나요?

조지애너: 네.

구체화하기

치료자: 그녀를 볼 수 있나요?

조지애너: 네.

치료자: 몇 살인가요?

조지애너: 열여덟 살이에요.

치료자: 가정을 돌보는 부분과 어떤 관계에 있나요?

조지애너: 사이가 좋지 않아요.

> * 즉, 보호자인 돌보는 부분은 십대와 양극화되어 있는데, 십대는 조지애너의 아내와의 관계에서 추방되어 있었다. 돌보는 부분이 다른 (아마도 보다 어린) 추방자를 보호하고 있다고 치료자는 추측한다.

치료자: 좋아요. 그들은 사이가 좋지 않군요. 이제 돌보는 부분과 얘기할 수 있을까요?

> * 이 양극성의 두 부분 모두와 친해져서 둘 다 분화하도록 설득함으로써 돌보는 부분이 왜 그렇게 열심히 일하는지 조지애너가 알아낼 수 있도록 하는 게 치료자의 목적이다.

조지애너: 좋아요.

부분을 향해 느끼기

치료자: 당신의 돌보는 부분에게 어떤 느낌이 드세요?

> * 그녀의 참나 에너지 수준 평가하기

조지애너: 그녀가 없었다면 제가 어떤 변호사가 되어 있었겠어요? 그녀를 사랑합니다.

치료자: 그녀가 어떻게 반응하나요?

조지애너: 좋아합니다.

친해지기

치료자: 그녀를 돕기 위해 당신이 여기에 있다고 전하세요.

조지애너: 자신의 머리를 흔들고 있어요. 제가 어떻게 도울지 생각할 수 없는 것 같아요.

    * 이 부분은 아직 조지애너의 참나를 알지 못한다.

치료자: 그녀는 당신이 몇 살이라고 생각하나요?

    * 이 질문에 대한 대답은 그녀가 보호하고 있는 추방자에 대해 우리에게 알려 줄 것이다.

조지애너: 음, 그녀는 제가 어린 꼬마라고 생각했는데 이제는 확실치 않아 하네요.

    * 조지애너의 돌보는 부분은 이제 자신이 보호하는 어린 꼬마가 아니라 참나를 알아채기 시작하고 있다.

치료자: 그녀는 당신에 대해 더 알고 싶어 하나요?

    * 친해지기는 보호자가 조지애너의 참나를 알도록 도울 것이다.

조지애너: 좋아요.

치료자: 그녀에게 당신의 눈을 들여다보고 거기서 누굴 보는지 말해 달라고 요청하세요.

    * 눈맞춤은 종종 혼합된 부분들을 탐지하고 참나를 소개하는 강력한 방법이다.

조지애너: 어머나, 저한테 화가 나 있네요.

치료자: 좀 더 말해 보세요.

조지애너: "그동안 당신 어디 있었어?!"라고 말하네요.

    * 이러한 반응은 돌보는 부분이 참나를 보고 있음을 확인해 준다.

치료자: 그럼 당신은 뭐라고 말하나요?

조지애너: 나를 필요로 할 때 내가 거기에 없었던 것에 대해 미안해. 홀로 내버려둘 뜻은 없었어.

치료자: 그녀에게 홀로 있었던 건 어떤 거였나요?

    * 그녀의 경험에 대해 좀 더 알아보기

조지애너: 겁먹지 않은 것처럼 행동해야 했어요.

치료자: 그것과 관련해서 가장 힘들었던 건 무엇이었나요?

조지애너: 그녀는 혼자였어요.

치료자: 이해가 가나요, 조지애너 씨?

조지애너: 네. 무서운 시기였어요.

치료자: 그녀는 누구를 보호하고 있나요?

    * 돌보는 부분의 보호 역할을 명료화하기

조지애너: 네 살짜리요.

    * 이 부분은 돌보는 자에 의해 보호받고 있는 추방자이다.

치료자: 돌보는 자는 몇 살인가요?

> * 보호자 부분들은 종종 그들이 보호하고 있는 부분들의 나이에 가깝기 때문에 치료자는 이러한 질문을 한다. 때때로 보호자는 자신이 '나이를 먹었다'고 얘기하지만, 이는 종종 자신이 보호하고 있는 부분이 오래전에 상처를 입은 그때부터 존재해 왔다는 걸 의미한다.

조지애너: 그녀는… 여덟 살 같아요.

치료자: 그녀 대신에 조지애너 씨가 네 살짜리를 돌볼 수 있다면 그녀는 무엇을 하고 싶어 할까요?

> * 이 보호자가 네 살짜리와 함께 해방될 수 있다는 생각을 소개하기

조지애너: 그녀는 축구하는 걸 좋아해요.

치료자: 좋습니다. 그럼 우린 그녀가 그렇게 하도록 도울 수 있어요.

보호자의 두려움 탐색하기

조지애너: 그녀는 그렇게 생각하지 않네요.

> * 이것은 보호자의 전형적인 첫 반응이다.

치료자: 그녀가 이 일을 그만두면 어떤 일이 벌어질 거라고 생각하나요?

> * 두려움에 대한 정보 이끌어 내기

조지애너: 혼돈이죠. 제 인생을 망칠 거예요. 그 누구도 절 좋아하지 않을 거고요.

> * 이것은 두려움이다ー그것은 한때 타당했다.

치료자: 그녀가 사람들이 당신을 좋아하도록 만드나요?

> * 부분의 직무를 간명하게 진술하기

조지애너: 네.

치료자: 다른 사람이 당신을 좋아하지 않는다면 무슨 일이 벌어지나요?

> * 보호자의 두려움 탐색하기

조지애너: 그건 좋은 일이 아니에요.

치료자: 그와 관련된 최악의 경우는 무언가요?

> * 부분의 특정한 두려움을 이끌어 내기

조지애너: 전 혼자가 될 거예요.

치료자: 우리도 당신이 혼자되는 걸 바라지 않아요. 당신은 그녀에게 뭐라고 말하나요?

> * 이 질문은 조지애너가 지금 돌보는 부분에게서 얼마나 분화된 상태인지 드러낼 것이다.

조지애너: 그녀가 두려워했던 이유는 알지만 이제 저는 다 자란 어른이고 우리는 혼자 있지 않을 거예요. 그렇게 열심히 일한 그녀에게 감사하고 있습니다.

치료자: 그녀가 당신의 도움을 바라나요?

> * 그녀를 돕는 것에 대해 허락 구하기

조지애너: 그게 도움이 될 수도 되겠지만 제가 당면하고 있는 문제를 제가 정말로 알고 있다고 그녀는 생각지 않네요.

> * 여전히 보호자의 두려움이 있음

치료자: 그녀는 당신에 대해 더 잘 알아보고 싶어 하나요?

> * 부분이 참나와 관계를 맺는 것에 초점 두기

조지애너: 그녀는 요지가 뭔지 확실히는 모르지만 그럴 의사가 있어요.

치료자: 그녀에게 용의가 있다면 무엇을 믿어야 할 필요는 없습니다. 이건 그저 하나의 실험입니다. 그녀는 언제든지 자신이 잘하는 것—사람들로 하여금 확실히 당신을 좋아하게 만드는 것—으로 되돌아갈 수 있습니다.

> * 변화의 제안에 대한 위험과 대가 낮추기

조지애너: 좋아요.

치료자: 좋습니다. 그러면 그러한 과정에서 그녀의 걱정이 무엇이든 당신이 알도록 그녀가 허락해 줄 수 있을까요?

> * 반대를 통해 사전 대응하는 경계 부분들을 초대해서 그들이 환영받고 포용되는 것을 느끼도록 해 주기

조지애너: 하지만 지금 열여덟 살짜리가 "나는 어떡하고요?"라고 말하고 있네요.

> * 실수: 치료자는 이 부분을 안심시키면서 추방된 어린 소녀와 계속 진행하는 것에 대해 허락을 구하고 아울러서 그녀에 대해서도 확인했어야 했다.

치료자: 미안합니다. 그녀에 대해 확인하는 걸 잊었군요. 당신이 네 살짜리를 돕는다면 그녀가 괜찮을까요?

> * 허락 구하기

조지애너: 그게 어떻게 그녀를 돕게 될까요?

치료자: 네 살짜리와 여덟 살짜리가 안전하게 느낀다면 좋을까요?

> * 십대 부분이 협력한다면 그녀가 얻게 될 유익을 알려 주기

조지애너: 네. 좋을 것 같아요.

치료자: 그리고 당신도 그녀를 도울 수 있어요. 그녀는 당신에게서 무엇을 필요로 하나요?

> * 십대와 참나의 관계를 촉진하기

조지애너: 음, 그녀는 사랑에 빠져 있어요. 그녀는 모두가 자신의 인생에서 비켜 주길 바라요.

치료자: 당신은 이해가 가나요?

> * 십대 부분과 돌보는 부분의 갈등으로 돌아가기 전에 어느 한쪽 편을 들지 않고 참나와 십대 사이의 관계를 계속해서 촉진하기

조지애너: 네. 저는 그녀가 놀랍게도 운이 좋다고 생각되네요.

∞

조지애너가 당면하고 있는 문제는 인생을 바꾸는 결정에 대한 강한 내적 불화이다. 관련된 부분들은 그녀에게 최선이 무엇인가에 대해 아주 반대되는 생각들을 가지고 있다(그들은 양극화되어 있다). 한 부분(조지애너의 돌보는 부분)은 다른 부분(십대 부분)을 추방했는데, 왜냐하면 그녀의 섹슈얼리티와 열정에 위협을 느꼈기 때문이다. 돌보는 부분은 자신이 보호하는 취약한 네 살짜리 부분을 추방했다. 우리는 네 살짜리의 이야기를 아직 듣지 못했다.

이 지점에서 치료자의 목표는 양극화된 부분들—돌보는 부분과 십대 부분—의 관점과 걱정에 대한 존중을 전달하고, 그들과 조지애너의 참나의 관계를 촉진하는 것이다. 그들이 분화되어 조지애너가 네 살짜리를 치유할 기회를 갖는다면, 조지애너는 자신의 애정 생활을 해결할 수 있을 것으로 IFS 치료자는 믿는다.

실습 | **보호자를 참나에게 소개하기**

지침: 당신 인생에서 위협을 느껴서 자신을 방어하고자 하는 충동을 느꼈던 상황을 생각해 본다—극단적일 상황일 필요는 없다. 최근의 상황일 수도 있고, 좀 더 오래된 과거의 상황일 수도 있다. 잠시 시간을 가지고 그때 그 순간의 당신 자신의 모습을 상상해 본다.

• 당신은 행동하고자 하는 충동이 일어날 것이다—그것이 당신의 어디에 위치하고 있는지 그리고 당신의 몸이 무엇을 원하는지 알아차린다.

  −만일 당신이 혼자 있고 편안하게 움직일 수 있다면 계속 진행하면서 그러한 몸짓을 해 본다.

  −또는 마음의 눈으로 그러한 몸짓을 하고 있는 자신을 그려 본다.

  (그 몸짓을 두어 차례 반복한다.)

당신의 보호자가 이 일을 얼마나 오랫동안 해 왔는지 물어본다. 당신이 들은 내용을 적는다.

_____

_____

_____

_____

당신의 보호자가 자신의 일을 그만두면 무슨 일이 벌어지리라 믿는지 물어본다. 당신이 들은 내용을 적는다.

_____

_____

_____

당신의 보호자가 누구를 보호하고 있는지 물어본다. 당신이 들은 내용을 적는다. 때때로 보호자들은 자신이 누구를 보호하고 있는지 나누길 꺼린다. 그들을 밀어붙이지 말라. 당신을 좀 더 신뢰하기 위해서 그들이 무엇을 필요로 하는지 알아보라.

_____

_____

_____

_____

당신의 보호자가 누구를 보호하고 있는지 나누었다면, 그럴 계획을 세우고, 여기에 그걸 적고 당신에게 친숙한 방식으로 그 취약함에 대해 작업한다.

_____

_____

_____

_____

당신의 보호자가 자신이 누구를 보호하고 있는지 나누는 걸 불편해하면, 호기심을 가지고(또는, 당신에게 호기심이 없다면 반동하는 부분들이 분화하도록 돕는다) 당신을 좀 더 신뢰하기 위해 무엇을 필요로 하는지 물어본다.

- 그 부분이 "당신은 취약한 부분에 의해 압도될 거예요."와 같이 말한다면, 그 부분에게 감사를 표하고 압도하지 않는 것에 대해 취약한 부분과 소통할 수 있도록 허락을 요청한다.
  - 그러고 나서 추방자 부분이 필요로 하는 주의를 얻는 대가로 분화된 상태로 머물면서 압도하지 않을 용의가 있는지 추방자에게 물어본다.

- 그 부분이 "당신은 그 부분을 도울 능력이 없어요."라고 말한다면, 당신을 더 많이 알아갈 실험을 해 볼 용의가 있는지 그 부분에게 물어본다.
  - 당신이 몇 살이라고 생각하는지 그 부분에게 물어본다.
  - 현재의 당신, 즉 당신의 참나를 만나 볼 용의가 있는지 물어본다.
  - 당신을 확인해 보고 당신을 알아갈 시간을 주도록 한다.
  - 당신의 눈을 들여다볼 용의가 있는지 알아본다.
  - "나를 만난다는 것이 어떠한가?"라고 물어본다.

우리 모두에게는 우리를 위해 지나치게 열심히 일하는 보호 부분들이 있다—여기에는 우리를 '게으르게' 하고 동기가 없어지게 하는 부분들이 포함된다. 우리의 관점에서 보면 우리의 보호자들에게 경의를 표하기 위하여—우리를 위한 그들의 노력은 종종 영웅적이다—노동자의 날처럼 국경일을 선포해야 한다. 다음은 보호자들의 전반적인 전략들을 살펴볼 수 있는 공통된 보호자 역할 목록들이다.

보호자를 참나에게 소개하기

- 당신의 내면의 수치심 보호자들 만나기
- 당신의 외부의 수치심 보호자들 만나기
- 당신의 순종하는 보호자들 만나기
- 당신의 불안한 보호자들 만나기
- 당신의 해리성 보호자들 만나기
- 당신의 외모 보호자들 만나기
- 당신의 신체화 보호자들 만나기
- 당신의 친밀감 보호자들 만나기
- 당신의 음식 보호자들 만나기
- 당신의 기분전환 보호자들 만나기
- 당신의 마음챙김 보호자들 만나기
- 당신의 성중독 보호자들 만나기
- 당신의 실세 보호자들 만나기
- 당신의 성공 보호자들 만나기
- 당신의 이목을 피하는 보호자들 만나기
- 당신의 (추방된) 화난 보호자들 만나기
- 당신의 종교적인 보호자들 만나기
- 당신의 정치적인 보호자들 만나기
- 당신의 자해 보호자들 만나기
- 당신의 자살 보호자들 만나기
- 당신의 복수 보호자들 만나기
- 당신의 운동 보호자들 만나기
- 당신의 전자기기 애호 보호자들 만나기
- 당신의 지적인 보호자들 만나기
- 당신의 오락 보호자들 만나기
- 당신의 유머 보호자들 만나기

예시   **연습: 당신의 보호자 만나기**

지침: 이 예시를 활용해서 당신의 보호자들을 알아가도록 한다. 흔히 있는 보호자 역할들에 대한 목록을 살펴보고 언급되지 않은 것이더라도 당신과 관련 있는 것은 무엇이든 추가한다.

보호자가 당신을 위해 사전 대응하는지(느낌들이 올라오는 걸 막으려고 노력하는지) 또는 당신을 위해 반동하여 나오는지(느낌들에서 주의전환을 시도하는지) 알아차린다.

_____

_____

_____

보호자를 알아가는 것에 대해 허락을 얻었다면 물어본다.
그 보호자는 자신의 일을 그만두면 무슨 일이 벌어지리라 믿는가? 당신이 들은 내용을 적는다.

_____

_____

_____

그 보호자는 누구를 보호하고 있는가? 당신이 들은 내용을 적는다.

_____

_____

_____

그 보호자가 보호하고 있는 부분을 돕기 위한 허락을 요청한다.
그 보호자가 자신이 보호하고 있는 부분을 나눈다면, 실행할 계획을 세우고, 적으면서 당신에게 친숙한 방식으로 그 취약함에 대해 작업한다.

_____

당신의 보호자가 당신이 부분을 돕도록 허락하는 것을 불편해하면, 호기심 상태로 머문다.

−또는 당신에게 호기심이 없다면 당신의 반동하는 부분들이 분화하도록 돕고 이유를 물어본다.

그 부분이 "당신은 취약한 부분들에 의해 압도될 거예요."와 같이 말한다면, 추방자에게 압도하지 않도록 요청하는 것에 대한 허락을 구한다.

−그리고 나서 그 부분이 필요로 하는 관심을 얻는 대가로 분화된 상태로 머물면서 압도하지 않을 용의가 있는지 추방자에게 물어본다.

그 부분이 "당신은 그 부분을 도울 능력이 없어요."라고 말한다면, 당신을 더 많이 알아갈 용의가 있냐고 그 부분에게 물어본다.

−그런 다음 그 부분에게 당신의 눈을 들여다보고 거기서 그 부분이 누구를 보는지 알려 달라고 요청한다.

그 부분이 반동하는 부분을 만나게 된다면 잠시 시간을 갖고 그 부분이 분화하도록 돕는다.

그 부분이 참나의 어떤 특성을 접하게 된다면, "나를 만나는 것이 어떤한지?" 물어본다.

−그리고 "이제 네가 보호하고 있는 그 취약한 부분을 내가 도와주도록 허용하겠니?"라고 물어본다.

당신의 내면 비판자들 만나기

부분들은 우리의 지속적인 성장을 위한 특별위원회이다. 이들은 끊임없이 경계하고, 비난하고, 종종 유머를 잃어버리고, 체계 안의 다른 부분들에게 대체로 인기가 없다.

- 이러한 비판자를 무서워하는 다른 부분들이 있는지 물어본다.
- 그렇다면, 그러한 부분들의 걱정에 대해 경청하고 당신이 비판자와 대화하는 동안 방음이 되는 방에서 기다려 줄 용의가 있는지 물어본다.
- 다른 대안으로, 그 비판자를 어떤 방에 들여보내고 나서 무서워하는 부분들이 긴장을 풀고 당신을 신뢰하도록 도울 수 있다.

당신의 외부 비판자들 만나기

이러한 부분들은 비판을 외부화한다. 그들은 우리가 수용받고, 포용되고, 안전하고, 중요하다고 느끼게 하기 위해 '타자화_{othering}'를 포함한 온갖 종류의 편견들을 활용한다. 그들은 다음과 같다.

- 인종차별주의자
- 동성애 혐오자
- 성전환 혐오자
- 여성 혐오자
- 외국인 혐오자

당신의 순응하는 보호자들 만나기

이러한 부분들은 우리가 연결을 유지하고 뭔가 중요한 집단의 일원으로 머물도록 노력한다. 그들은 종종 우리 스스로를 돌보기에 앞서 다른 이들의 복지에 대해 생각하게 만든다. 그들은 다음과 같다.

- 아첨하며 타인을 기쁘게 하려고 노력하는
- 돌보려고 하는

당신의 불안한 보호자들 만나기

이러한 부분들은 부정적으로 놀랄 만한 상황을 사전에 방지하고자 한다. 그들은 우리가 상처받지 않고 실패하지 않도록 확실하게 해 두길 원한다. 그들은 우리가 의식하지 못하거나 속아 넘어갈 정도로 순진하지 않도록 확실하게 해 두길 바란다. 그들은 다음과 같다.

- 예측하는
- 종종 매우 신체적인
- 무시하기 힘든
- 파국적 상상에 놀라는
- 경고로 가득한

당신의 해리성 보호자들 만나기

이러한 부분들은 추방된 부분들의 부정적인 감정들 또는 다른, 더욱 극단적인 보호자들의 반동성을 우리가 방지하거나 억압하도록 한다. 그들은 다음과 같은 것들을 행한다.

- 마음을 흐리게 만든다.
- 시간과 자각에서 완전히 벗어나게 한다.
- 다른 이들의 얘기를 듣는 우리의 능력을 방해한다.
- 위험을 알아차리는 우리의 능력을 방해한다.
- 몸을 무감각하게 함으로써 무서운 경험들을 상기시키는 약한 전기 충격을 우리가 느끼지 못하게 한다.
- 신경계를 둔하게 만들기 위해 처방된 약물을 복용하는 부분들과 제휴한다.
- 불법 약물이나 알코올로 자가 치료하는 부분들과 제휴한다.
- 음식으로 몸을 무감각하게 만드는 부분들과 제휴한다.

당신의 외모 보호자들 만나기

이러한 부분들은 우리로 하여금 타인에게 어떻게 보일까에 항상 초점을 맞추게 한다. 그들은 우리가 주목, 인정, 안전 그리고 사랑받기를 원한다. 그들은 다음과 같은 것들을 행한다.

- 우리의 외모를 비난한다.
- 다른 이들에게 우리의 외모를 비난하도록 권유한다.
- 우리가 쇼핑을 하러 가게 부추긴다.
- 이상적인 시나리오를 공상한다.
- 부정적인 시나리오에 대해 우리를 일깨워 준다.
- 옷 입는 것과 물질적인 재화에 강박적이다.
- 거울을 끝없이 들여다본다.

당신의 신체화 보호자들 만나기

이러한 보호자들은 우리의 몸을 활용하여 우리의 주의를 끌고, 우리의 행동에 영향력을 행사하고, 우리가 타인에게서 주목을 받도록 하고, 우리의 과거 경험에 대한 뭔가 중요한 것이나 아픔 같은 것을 전달하려고 하며, 일반적으로 자신들의 협의 사항들을 촉진하려고 한다. 그들은 다음과 같은 것들을 행한다.

- 우리에게 편두통을 유발한다.
- 메스꺼움을 느끼게 한다.
- 냄새에 극도로 예민하게 만든다.
- 기진맥진하게 만든다.
- 천식 및 알레르기 반응을 증폭시킨다.
- 가슴 통증을 유발한다.

당신의 친밀감 보호자들 만나기

이러한 부분들은 관계에서 친근함을 감독 및 조절함으로써 우리가 너무 취약해져서 상처 입지 않도록 보호하고자 한다. 그들은 다음과 같은 것들을 행한다.

- 우리가 누구에게도 가까이 다가가거나 다가오지 못하도록 예민하게 행동한다.
- 애정이 결핍된 듯 그리고 지나친 애착을 가진 행동을 한다.
- 지나치게 성적으로 행동한다.
- 무관심하게 행동한다.
- 졸린 듯이 행동한다.
- 지루하고 한가하게 행동한다.
- 누군가 얘기하고 있을 때 공상에 잠긴다.
- 사교모임에서 음식이나 알코올에 집중하는 부분들과 제휴한다.
- 전자 장치에 집중하는 부분들과 제휴한다.

당신의 음식 보호자들 만나기

이러한 부분들은 음식에 대해 강박적인데, 추방된 느낌들이 강렬하게 올라올 때 그러한 느낌들에서 주의를 전환하거나 억압하는 방식으로 충족시키거나 제지한다. 그들은 다음과 같은 것들을 행한다.

- 배고픔을 느낀다.
- 특정한 위안을 주는 음식들을 갈망하고 집착한다.
- 과식한다.
- 절제한다.
- 특정 음식들을 두려워하고 피한다.
- 특정 음식들을 먹은 후 토할 것 같이 느낀다.
- 열량을 제한한다.
- 폭식한다.
- 약물을 사용해 배출한다.

당신의 기분전환 보호자들 만나기

이러한 부분들은 기분전환 물질들―합법적인 것, 불법적인 것―을 사용해서, 우리를 무감각하게 만들거나, 감정적인 고통이나 내면의 갈등을 회피하거나 주의를 전환시킨다. 그들은 다음과 같은 것들을 행한다.

- 음주를 한다.
- 마리화나를 피운다.
- 코카인을 흡입하거나 피운다.
- 엑스터시나 기타 파티 마약을 복용한다.
- 헤로인을 흡입하거나 주사한다.
- 본드를 흡입한다.
- 처방된 기분전환 약물을 복용한다.
- 처방되지 않은(또는 처방된) 기분전환 치료용품을 사용한다.

당신의 마음챙김 보호자들 만나기

이러한 부분들은 명상을 활용해서 위협적인 느낌들을 우회하거나, 공허감을 채우거나, 해리의 복사판으로 이용한다. 그들은 다음과 같은 것들을 행한다.

- 모든 생각과 느낌에서 단절되도록 부추긴다.
- 해리시킨다.
- 우리의 정신과정을 추상적이거나 모호한 상태로 유지하게 한다.
- 과집중 또는 저집중으로 감정적 고통에서 우리의 주의를 전환시킨다.
- 금욕적이 되도록 부추긴다.
- 느끼는 대신 생각하도록 부추긴다.

당신의 성중독 보호자들 만나기

이러한 부분들은 유혹에 능숙하고 내면의 공허함을 드라마로 만들고 연결을 꾀하기 위해 연인들을 끌어 모으는 데 시간을 보낸다. 그들은 다음과 같은 것들에 집중한다.

- 성적 매력
- 갈망과 정욕
- 유혹하는 게임
- 싸우고 나서 재결합할 때 열정적인 섹스
- 생리적인 오르가슴의 방출

당신의 실세 보호자들 만나기

이러한 부분들은 권력에 관심이 많다. 그들의 목적은 지배하는 것이다. 그들은 장악하는 걸 좋아한다. 그들은 다음과 같은 것들을 행한다.

- 무슨 수를 써서라도 취약함을 보이지 않으려고 한다.
- 우리가 상처 입는 것에 대해 취약한 부분들을 비난한다.
- 취약함을 보이는 다른 사람들을 공격하고 수치심을 안겨 준다.

당신의 성공 보호자들 만나기

이러한 부분들은 우리가 부자가 되거나 성공하길 바라고, 존경받는다고 느끼고, 절대로 거절당한 느낌을 갖지 않기를 바란다. 그들은 다음과 같은 것들을 행한다.

- 내적으로는 우리에 대한 과장된 가치감을 조장하고 대인관계에서는 우리의 추방자들의 무가치감과 내면의 비판자들의 모욕에 대항하도록 한다.
- 실패는 끔찍하다는 생각을 조장한다.
- 실수나 실패를 부인한다.
- 실수나 실패한 것에 대해 타인들—특히 우리의 자녀들—을 벌한다.
- 사과하는 걸 회피한다.

당신의 이목을 피하는 보호자들 만나기

이러한 부분들은 우리가 어떤 식으로든 보여지거나, 경쟁하거나, 다른 이들을 위협하는 걸 좋아하지 않는다. 그들은 우리를 보이지 않게, 레이더 밑에 안전하게 있게 한다. 그들은 다음과 같은 것들을 행한다.

- 주목은 위험하다는 느낌을 조장한다.
- 우리가 보여지는 걸 회피한다.
- 야망을 단념시킨다.
- 그 어떤 목표든 성취하는 걸 거부한다.

- 성취에 대해 우리가 기분 좋게 느끼는 걸 허용하지 않는다.
- 우리가 성공하면 다른 이들이 상처받을 거라고 우리에게 경고한다.

당신의 (추방된) 화난 보호자들 만나기

학대에 분노를 느꼈던 부분들은 흔히 어리다. 그들은 또 다른 어린 부분을 보호하기 위하여 앞으로 나섰다가 그들의 분노가 안전하지 않다는 이유로 추방되었을 수 있다. 그들은 지속적으로 체계에서 크립토나이트(영화/만화의 주인공인 슈퍼맨의 치명적 약점－역자 주)처럼 취급을 당하는데, 분노 그 자체가 가해자의 행동으로 보이기 때문이다. 그들은 다음과 같은 것들을 행한다.

- 분노로 들끓는다.
- 원망한다.
- 방해한다.
- 밀어붙인다.
- 경멸한다.
- 폭발한다.

당신의 종교적인 보호자들 만나기

어떤 부분들은 종교를 과용하고, 종교적 지도자들을 이상화하고, 구원을 갈망하고, 삶에서의 공동체 · 의미 · 목적을 열망하고, 자아감각과 다양한 사람들과의 연결감을 희생시키면서 소속감을 갖는 것을 좋아하도록 조장한다. 이러한 부분들은 다음과 같은 것들을 행한다.

- 우리가 옳다고 느끼게 만든다.
- 우리가 이끌리는 느낌을 받게 한다.
- 의심을 떨쳐 버린다.
- 공허감과 외로움으로부터 주의를 전환시킨다.

당신의 정치적인 보호자들 만나기

종교적인 보호자들처럼 우리의 정치적인 보호자들은 우리가 공허하고 외로움을 느낄 때 지도자를 찾고, 어딘가 소속되고, 공동체·목적·구조를 갖도록 조장한다. 이러한 부분들은 다음과 같은 것들을 행한다.

- 우리 쪽이 옳다고 느끼게 만든다.
- 우리가 정의롭고 우월하다고 느끼게 만든다.
- 옳고 그름을 설명한다.
- 의심을 떨쳐 버린다.

당신의 자해 보호자들 만나기

이러한 부분들은 칼로 자르고, 할퀴고, 때리고 태워서, 벌을 주고, 주의를 전환하고, 도움을 얻으려고 시도하고, 자살이나 격분을 방지하려고 한다. 그들은 다음과 같은 것들을 행한다.

- 정서적 고통으로부터 주의를 전환시킨다.
- 상처를 돌보려는 욕구 때문에 초점을 이동한다.
- 감정적 고통을 몸에 피를 내는 것으로 대신한다.
- 고통을 통해서 우리가 살아 있다는 느낌을 갖도록 조장한다.
- 다른 이들로 하여금 우리의 신체적 상처에 반응하게 하고 우리의 몸을 돌보게 만든다.

당신의 자살 보호자들 만나기

자살 생각은 종종 감정적으로든 신체적으로든 극단적인 고통 속에 있는 사람들에게 위안이 된다. 이러한 부분들은 다음과 같은 것들을 행한다.

- 끝이 없고 해결이 불가능해 보이는 고통으로부터의 출구—고통에 대해 생각하는 것을 진정시키기—를 이론적으로 제공한다.
- 끝이 없고 해결이 불가능해 보이는 고통으로부터 실제적인 (응급) 출구를 제공한다.
- 궁극적인 탈출을 선동한다.

- 복수를 원한다.
- 주목을 받으려고 한다.
- 다른 이들이 반응하거나 구출해 주기를 바란다.

당신의 복수 보호자들 만나기

우리가 학대받을 때, 누군가 더 힘 있는 사람에 의해 무력하게 되었을 때, 모욕당했을 때, 무가치함을 느끼게 되었을 때 한 가지 공통적인 반응은 복수하길 바라는 것이다. 이러한 부분들은 다음과 같은 것들을 행한다.

- 원한을 품고 있다.
- 권세를 얻기 위해 빈정거린다.
- 담판을 지으려고 한다.
- 위협을 느끼는 사람이 누구든지 굴욕을 안겨 준다.
- 우리로 하여금 강력한 존재가 되어 복수하는 환상에 사로잡히게 만드는데, 극단적인 경우에는 누군가를 해치거나 죽일 수 있다.

당신의 운동 보호자들 만나기

이러한 부분들은 종종 우리의 외모에 대해 늘 고민하는 부분들과 협력하여 작업한다. 그들은 또한 섭식장애 부분들의 대타로 활동할 수 있다. 그들은 다음과 같은 것들을 행한다.

- 우리를 괴롭혀서 운동하도록 만든다.
- 건강에 과도하게 집중한다.
- 우리에게 새로운 체력 목표를 성취하도록 한다.
- 우리가 아프거나 상처를 입었을 때 전전긍긍한다.
- 몸의 불완전함에 대해 비평한다.
- 패션 또는 스포츠 잡지에 실린 육체들을 찬양한다.

당신의 전자기기 애호 보호자들 만나기

우리는 이제 완전히 새로운 차원, 진정 이상한 세상에 있고, 우리는 주의를 분산하는 것들에 속아 이러한 세상 속으로 빠져들 수 있다. 대부분의 사람들이 일과 의사소통을 핸드폰이나 컴퓨터와 같은 전자기기들에 의존하고 있기 때문에, 우리의 주의를 분산시키려고 하는 부분들은 사실상 아무런 제약을 받지 않고 끝없이 다양한 방식으로 작동하고 있다. 이러한 부분들은 다음과 같은 것들을 행한다.

- 우리가 사무실에 있을 때 우리의 주의를 분산시킨다.
- 우리가 줄을 서고 있을 때 우리의 주의를 분산시킨다.
- 우리가 공항, 엘리베이터, 번화하고 시끄러운 공공 거리와 같은 유쾌하지 않은 환경에 있을 때 우리의 주의를 분산시킨다.
- 우리가 대화를 하는 도중에 우리의 주의를 분산시킨다.
- 우리가 식사할 때 우리의 주의를 분산시킨다.
- 학교에서, 강의실에서, 도서관에서 우리의 주의를 분산시킨다.
- 요약하면, 그들은 언제 어느 곳에서든 우리의 주의를 분산시킨다.

당신의 지적인 보호자들 만나기

이러한 부분들은 인지적인 강점을 찬양하고 그것에 의지해서 생존하는 가족과 환경에서 번성한다(예: 대학가에서 자라는 교수의 자녀). 그들은 다음과 같은 것들을 행한다.

- 느낌을 무시하거나 차단하는 방식으로 생각한다.
- 자기들처럼 생각하는 부분들에 의존하지 않는 사람들을 얕잡아 본다.
- 우리가 특별하다고 느끼게 한다.
- 느낌과 직관보다 지식과 성취를 가치 있게 여긴다.

당신의 오락 보호자들 만나기

넷플릭스에 빠진 분? 인간의 마음은 이야기에 몰두하는데, 그게 평범하고 진부하든 독창적이든 관계없다. 우리의 전자기기들은 영상, 말, 음악, 실제 이야기 및 허구를 끊임없이 전달하고 있다. 이러한 부분들은 다음과 같은 것들을 행한다.

- 우리를 영화, TV 시청, 케이블 또는 여타 다양한 구독 서비스에 데려간다.
- 영화 등장인물들을 통해 삶을 대리로 살아가고 방금 시청한 쇼 이야기를 반복해서 얘기한다.
- 리얼리티 TV를 통해 가짜 희망을 제공한다.
- 거기에 묘사된 등장인물들과 연결 지어서 배우고, 흉내 내고, 경험한 것 같이 느끼게 한다.

당신의 유머 보호자들 만나기

이러한 부분들은 어떤 분위기를 잡고 사람들에게 영향력을 끼치려고 온갖 방식으로 유머를 활용한다. 그들은 다음과 같은 것들을 행한다.

- 계속해서 다른 사람들을 행복하게 하고 몰입하게 만든다.
- 기쁘게 한다.
- 즐기게 한다.
- 우리에게 주목하게 한다.
- 고통스럽거나 불편한 순간들로부터 주의를 분산시킨다.
- 느낌을 가린다.
- 내면의 느낌들로부터 주의를 분산시킨다.
- 다른 이들에게 상처를 줘서 우리에게서 멀어지게 만든다.
- 복수한다.

실습 보호 전략의 끊임없는 공급

지침: 트라우마를 경험한 개인들에게서 종종 나타나는 보호자들은 해리, 내면 및 외부의 수치심을 주는 자들, 과로, 이목 피하기, 순응, 불안, 격분, 복수, 자살, 성중독, 기분에 영향을 주는 물질들, 친밀감 추구 및 친밀감 회피, 섭식, 운동, 외모 강박, 신체화, 주지화가 포함된다.

당신의 체계에서 우리 목록에 없는 보호자들이 있다면 다음에 추가해 본다.

_____

_____

_____

_____

_____

_____

_____

_____

_____

_____

_____

_____

_____

_____

_____

_____

_____

_____

_____

_____

제5장

/

치유:
짐 내려놓기 과정

우리는 치료사들이 보호자 부분들과의 6F(발견하기, 초점 두기, 구체화하기, 부분을 향해 느끼기, 친해지기 및 두려움 탐색하기)를 활용한 작업은 권장하지만, IFS 공식 훈련(예: IFS 레벨 1, www.selfleadership.org 참조)을 받지 않고 추방자 부분의 짐 내려놓기를 시도하는 것은 권장하지 않는다.

적절한 수준의 숙련된 기술 없이 짐 내려놓기를 시도하게 되면 이미 취약해진 내담자의 체계를 존중하지 않게 되고, 보호자들이 치료자를 불신하게 되어 쉽게 역효과를 가져올 수 있다. 만약, 작업 중에 추방자가 나타날 때에는 평소에 그와 같은 취약성과 작업하던 대로 할 것을 권장한다.

하지만 다음에서 소개하는 짐 내려놓기 단계들은 독자에게 전반적인 IFS 모델 방식의 관점을 제공하기 위함이다. 짐 내려놓기 과정을 제대로 배우고 싶은 사람은 IFS 치료를 경험하고 훈련함으로써 습득할 수 있다.

목격하기 이후 짐 내려놓기

치유는 보호자들이 참나가 추방된 부분들과 관계 맺는 것을 허용하는 순간부터 시작된다. 이러한 접속은 내담자가 갑자기 과거 사건들을 목격하기 시작하거나 내담자가 보호자들과 좀 더 정중한 합의를 통해 그들이 물러서서 참나가 추방자의 경험을 목격하게 함으로써 일어난다는 것을 알게 될 것이다. 내담자가 참나 상태에 있을 때, 내담자의 목소리는 더욱 부드러워지고, 몸은 이완되며, 관점은 더욱 개방적이고 확장된다. 이 안내서를 통해 소개되는 두 가지 사례에서 볼 수 있는 과정을 IFS 치료에서는 '목격하기'라고 부른다.

목격하기를 하는 동안, 추방된 부분은 참나를 데리고 과거로 가는데, 이때 그동안 무시하거나 잊고 있었던 것들에 대한 기억들이 떠올라 내담자를 놀라게 할 수도 있다. 그 부분은 오랫동안의 학대, 착취 또는 방치된 상호작용 패턴, 또는 배신이나 공포의 순간을 보여 줄 수도 있다. 어느 경우든, 그 부분이 보여 주는 사건들은 부정적인 결과들(놀라는 신체적인 감각, 부정적인 감정, 안전과 자기 가치에 대한 부정적인 신념들)을 초래하였을 것이고, 이는 참나와 부분과의 관계 안에서 그 부당성을 증명할 필요가 있을 것이다. 목격하기를 하는 동안, 내담자의 참나가 추방자와 함께 있고(연민), 그들이 느끼고 있는 일정 부분들을 내담자의 참나가 느낄 필요가 있다(공감). 아울러 추방자들은 치료자의 연민을 필요로 하고 자각한다.

· 짐 내려놓기 과정 ·

1. **목격하기**: 추방된 부분이 참나에게 자신의 경험을 보여 준다.
2. **다시 하기**: 참나가 그 시간과 공간으로 들어온다. 그리고 부분이 그 당시에 필요하고 원했지만 갖지 못했던 것을 해 준다.
3. **구출하기**: 참나는 과거로부터 부분을 구출하여 현재의 안전한 곳에 데려다준다.
4. **짐 없애기**: 부분은 불편한 감각들, 느낌 상태들, 신념들을 떠나보낸다.
5. **초대하기**: 부분은 자신이 원하거나 미래를 위해 필요한 새로운 특질은 무엇이든 초대한다.
6. **보호자 확인하기**: 보호자들은 자기가 보호했던 부분이 짐을 내려놓고 치유되는 것을 알아차리도록 초대받음으로서 자기들의 일을 내려놓을 수 있게 된다.

목격하기

추방된 부분들은 참나를 만나게 되면 종종 충격을 받는다. "당신이 존재했다면 내가 왜 이렇게 고통받아 왔나?"라고 말이다. 이러한 경우, 추방된 부분에게 사과하고 기다려 주어야 한다. 참나와 연결될 준비가 되면 추방자들은 수치스럽고 상처받은 경험들, 그리고 내면체계에 짐을 지웠던 무섭고 해로운 신념들을 보여 주고 이야기하기 시작한다. 목격하기 과정 중 치료사는 내담자에게 다음과 같이 질문할 수 있다. "추방자와 함께 있는 자신을 보고 있나요? 혹은 그곳에 현존하나요?" 만약, 전자라고 한다면, 참나와 유사한 부분이 끼어든 상태이므로, 내담자의 참나에게 주도권을 넘겨주도록 그 부분에게 요청해야 한다.

다시 하기

만약 부분이 나쁜 상황에 갇혀 있다면, 참나가 들어와서 누군가가 당시에 부분에게 해 줄 필요가 있었던 것을 해 준다(어떤 어른 제지하기, 다른 사람들에게 분명하게 말하기, 부분 지지해 주기, 부분 사랑해 주기, 또는 부분이 요청하는 건 무엇이든 해 주기). 어떤 부분들의 경우는 트라우마 순간을 원하는 결과로 고쳐 쓰는 것rescripting이 매우 중요하다. 그들은 물론 일어난 사건 자체를 잊어버리는 것은 아니지만, 그 과정은 타당화를 해 주며 정서적으로 중요해 보인다.

구출하기

추방자의 필요가 충족되고 목격하기가 완료되면, 내담자의 참나는 추방자가 과거를 떠나 현재의 어떤 안전한 장소(추방자의 선택)로 오도록 초대한다.

짐 없애기

추방자가 현재 내담자의 참나와 함께 안전하게 머무르면, 그동안 지니고 다녔던 트라우마와 관련된 신체 감각이나 감정, 생각들을 내려놓을 수 있도록 초대한다. 일반적으로 이 과정에서 내담자의 의견을 따르지만, 만약 내담자가 요청한다면, 치료사는 짐을 바다에 던지기, 불에 태우기, 허공에 날려 버리기 등 몇 가지 방법들을 알려 준다. 혹은 추방자가 원한다면 빛, 흙, 공기, 물, 불 등에게 넘겨 버릴 수 있다.

초대하기

짐을 내려놓으면, 추방자는 내적으로 더 많은 공간을 가지게 된다. 마지막 치유단계는 그동안 부분이 잃어버렸던 특질들을 무엇이든 초대하도록 안내하는 것이다. 부분들은 거의 언제나 사랑, 놀이, 즐거움, 자연스러움, 용기, 연결감, 창의성 등 참나와 관련된 긍정적 특질들을 초대하여 가져온다.

보호자 확인하기

추방자가 치유되면 보호자 부분들을 참여시켜서 추방자를 살펴보도록 한다. 그들은 종종 자신의 보호 역할을 자연적으로 내려놓는데, 보호자들은 내담자의 참나의 현존을 통해 추방자가 안전하다는 것을 확인했기 때문이다. 트라우마의 경우 보호자 부분들도 그들 자신의 짐을 가지고 있는 것을 흔하게 볼 수 있는데, 이것은 차후 회기에서 보다 자세히 다룰 필요가 있다.

변용

참나가 취약한 부분들 목격하기, 다시 하기, 구출하기, 짐 없애기, 초대하기 및 다시 통합하기를 하는 과정 동안, 취약한 부분들이 변용되고 치유된다. 이는 전체 내면체계가 풍부해지고 강해지는 기회를 제공한다.

짐 내려놓기 과정의 단계들

헤타는 아이를 갖고 싶어서 치료에 왔지만 임신에 대한 불안감에 압도된 상태였다. 이러한 분기점에서, 헤타는 보호자들로부터 일곱 살짜리 추방자를 돕도록 허락받았다.

헤타: 아이는 저를 보고 매우 놀랐어요. "그동안 어디 있었어?"라고 묻네요.

친해지기

치료자: 당신은 뭐라고 말하나요?

  * 참나 에너지 확인하기

헤타: 혼자 두어서 미안하다고 얘기하고 있어요.

  * 헤타는 참나 에너지에 접속하고 있다.

치료자: 아이는 뭐라고 하나요?

헤타: 자신이 그런 대접을 받을 이유가 없었다면, 제가 왜 그랬냐고 묻네요.

치료자: 당신은 뭐라고 말하나요?

  * 헤타의 참나가 주도하도록 한다.

헤타: 나는 거기에 없었어. 정말 미안해. 하지만 이제 난 여기에 있어.

치료자: 아이는 어떻게 반응하나요?

헤타: 저를 바라보고 있어요. 저를 믿을 수 있을지 궁금해하네요.

치료자: 당신 없이 지내 온 것이 아이한테는 어떠했나요?

  * 내담자가 목격하는 데 초점을 맞추도록 함으로써 방어적인 부분들이 장악하지 않도록 하고 추방자가 뭘 느껴야 한다고 전달하는 걸 피하도록 돕는다.

이 사례가 묘사하듯이, IFS에서 우리는 추방자가 이해받고 인정받는다고 느낄 때까지 추방자와 내담자의 참나 사이의 관계를 회복하는 데 집중한다.

목격하기

관계가 충분히 복구되고 추방자가 참나에 대해 확신하게 될 때, 추방자는 참나에게 목격할 필요가 있는 것은 무엇이든 보여 주는 가상 여행을 시작할 것이다. 추방된 부분에게 목격하기 경험은 유대를 맺고 수치심을 덜어내는(타당화) 과정이다. 일단 목격하기가 진행되면, 참나가 이해해 주는 것에 대해 추방자가 만족하고 자신의 짐을 내려놓을 준비가 될 때까지 계속 진행하는 것이 좋다. 이 작업은 한 회기 이상이 필요할 수 있다. 이 사례를 통해서 계속 진행해 보자. 헤타는 병실에 있는 일곱 살 아이를 보고 있다.

헤타: 심장 수술을 받기 전이에요. 간호사와 함께 복도에 있는 엄마는 울고 있어요. 복도를 지나가던 누군가가 "그게 이 친구야!"라고 말했고, 아이는 자신이 죽게 될 사람이란 걸 의미한다고 생각해요.

치료자: 그것이 아이에게 어떤 건가요?

　　* 목격하기

헤타: 아버지는 어디에 있지?

치료자: 아버지가 거기 없나요?

헤타: 없어요. 온 적이 없어요.

치료자: 아이가 자신과 함께 있는 당신을 느낄 수 있나요?

　　* 참나와 부분 간의 연결 확인하기

헤타: 우리는 병원에서 이리저리 걷고 있어요. 아이는 병원 냄새를 싫어해요. 우리는 결국 병원에서 죽게 될 거니까 아이를 갖지 말라고 제게 얘기하네요.

치료자: 당신은 뭐라고 얘기하나요?

　　* 내담자의 참나가 주도하도록 하기

헤타: 아이가 왜 걱정하는지 알겠어요. 제가 의사를 믿는다고 아이에게 말해 주고 있어요. 아이가 저를 믿어 줄 수 있을지 물어보고 있어요. 아이는 자식이 뭔가 잘못되면, 아빠가 그랬듯이 떠나 버릴까 봐 걱정하고 있네요.

목격하기

치료자: 아이는 당신이 그것에 대해 무엇을 알았으면 하나요?

헤타: 아이는 자기의 진짜 아빠를 그리워해요.

치료자: 아이가 뜻하는 걸 이해하시나요?

헤타: 네. 제가 집에 갔을 때 아빠는 거기 있었지만 더 이상 진짜 아빠처럼 보이지 않았어요.

다시 하기

치료자: 아이가 그 당시에 누군가가 말해 주길 바랐던 걸, 지금, 당신이 아빠에게 말해 줬음 하는 것이 있나요?

헤타: 아이는 아빠가 사과하길 바라네요.

치료자: 아이는 당신이 아빠에게 뭐라고 말하길 바라나요?

> * 부분이 지휘한다.

헤타: 딸을 더 많이 사랑해 줬어야 해요…….

치료자: 어떤 일이 벌어지고 있나요?

헤타: 아빠가 미안하다고 말하네요. 아빠는 아이를 정말 사랑해요. 아빠는 두려웠어요. 아이는 지금 당장 용서할 마음은 없지만 아빠가 사과한 걸 기뻐하네요.

치료자: 아이가 아빠 또는 다른 누군가에게 뭔가가 일어나길 바라는 것이 있나요?

> * 부분이 지휘한다.

헤타: 지금은 없어요.

치료자: 아이가 당시에 필요로 했던 걸 당신이 해 줄 수 있나요?

헤타: 네. 아이는 사랑받는 게 필요했어요. 제가 지금 전달하고 있는데 정말 좋아하네요.

구출하기

치료자: 아이는 그 시간과 장소를 떠날 준비가 되었나요?

헤타: 네.

치료자: 아이를 현재의 어딘가 안전한 곳으로 데려오세요. 당신과 함께 있는 걸 아이가 어떻게 느끼고 있나요?

헤타: 좋아해요. 주변 구경을 시켜 주며, 제가 자식을 돌보는 걸 아이가 신뢰할 수 있는지에 대해 물어보고 있어요.

이처럼 치료 초기의 진행은 외롭고 무서운 순간에 버려졌다고 느끼는 부분을 헤타가 발견하도록 도왔다. 심장 수술 이후 헤타는 회복되었고, 앞날을 생각하고 활동적이길 열망하는 헤타의 수술 이후의 부분들은 질병, 두려움, 분노 그리고 급박한 죽음에 대한 경험을 최소화했다. 헤타의 참나가 그녀의 질병과 버려짐의 경험을 타당화하고 아버지와 그녀를 위해 말을 한 다음에 그녀는 과거를 떠날 준비가 되었다.

짐 없애기

치료자: 이제 아이는 당신과 함께 현재에 있습니다. 아이는 예전의 경험에서 온 모든 생각, 감정, 느낌을 떠나보낼 준비가 되었나요?

> * 부분이 두려움과 불필요한 신념들을 떠나보내도록 초대하기

헤타: 네.

치료자: 그것들이 어디에 있는지—아이의 몸 안 또는 바깥 주변 어디에 있는지—아이가 당신에게 보여 주도록 하세요.

　　*경험 심화하기

헤타: 아이의 심장에 핀들이 있어요.

치료자: 아이는 그것들을 어떻게 하길 바라나요?

　　*부분이 지휘한다.

헤타: 그것들을 뽑아내서 땅속에 박고 있어요…… 모든 걸 뽑아서요.

치료자: 모든 것을?

헤타: 분노, 슬픔. 모두 흩날려 사라지고 있어요.

초대하기

치료자: 그것들이 사라지면서 아이는 무엇을 초대하길 바라나요?

헤타: 힘, 에너지, 놀이!

치료자: 아이는 지금 어떤가요?

헤타: 아주 좋아요. 아주 평화롭고 편안해 보여요. 놀라워요!

치료자: 아이의 보호자들을 초대해서 한번 보도록 하죠. 아이가 이제 당신과 함께 안전하게 있다는 걸 그들이 알도록 해 주세요. 그들이 이야기하고 싶어 하는 것이 있나요?

헤타: 네, 말하고 싶어 하네요.

치료자: 그들 중 누구라도 갇힌 느낌이나 짐을 짊어진 것에 대해 당신의 도움이 필요한가요?

헤타: 그렇다고 생각해요.

치료자: 네. 그럼 우리가 다음 주에 다시 돌아올 거라고 알려 주세요. 그동안 그들이 머물 어떤 안전한 장소가 필요할까요?

헤타: 아뇨, 그들은 괜찮아요.

치료자: 그들은 당신이 일곱 살 아이를 돌보는 걸 허락하나요?

헤타: 네. 괜찮다고 하네요.

∞

헤타의 추방된 일곱 살 아이가 자신이 이해받았다고 느끼고 자신의 두려움이 받아들여지게 되자, 참나를 신뢰하고 짐을 내려놓을 용의를 내게 된다. 짐 내려놓기의 마지막 작업으로 치료자는 아이를 보호하던 부분들을 초대해서 일어난 일들을 알아차리도록 하고 그들 자신의 욕구와 함께 어떤 걱정이 추가로 있는지에 대해 언급한다.

헤타의 짐 내려놓기에서 볼 수 있듯이, IFS는 변용적인 모델이다. 내담자의 참나가 추방자와 관계를 맺도록 보호자들이 허용하게 되면, 추방자의 경험을 목격하는 참나는 애착의 상처들을 치유한다. 추방자가 과거를 떠날 준비가 되었을 때, 추방자의 구출은 내담자 정신이 현재로 이동하는 걸 공식화하는 것이고, 이는 보호자들을 해방시켜 준다. 끝으로, 짐 내려놓기는 무서운 경험들과 억압적인 신념들('나는 사랑스럽지 않아. 나는 가치 없어.')이 몸을 옥죄는('내 심장에 핀들이 박혀 있어.') 방식들과 참나의 현존으로 안전하게 애착된 느낌에서 오는 놀랍도록 상반되는 유익 둘 다를 분명하게 보여 준다.

단계적이지만 항상 선형은 아닌

보호자와 친밀해지기부터 추방자를 목격하고 짐을 내려놓는 과정까지, 우리는 오직 내담자의 체계가 우리에게 허락하는 만큼 선형적으로 단계를 진행해 나아갈 수 있다. 우리가 추방자에게 다가갈수록 보호자는 활성화되는데, 이때 치료자의 참나가 개입하여 보호자가 가진 두려움을 탐색하고 확신을 제공하여 계속 작업할 수 있도록 교섭을 이끌어 낸다.

내려놓기: 변용의 순간

참나가 추방된 부분의 트라우마 경험들을 목격하고 추방자가 현재에 안전하게 있게 된 다음에, 참나는 부분에게 트라우마성 신체 감각들, 유해한 신념들, 극단적인 감정 상태들을 떠나보내도록 초대한다. 우리는 일반적으로 추방자에게 떠나보내는 방법을 선택하도록 권유하면서 종종 원소들(빛, 흙, 공기, 물, 불) 중 하나를 선택하도록 제안하는데, 이는 IFS 치료자들이 내담자들의 내면체계와 머물면서 오랜 세월 동안 유기적으로 전개되었던 하나의 선택으로서 샤머니즘 전통들과 유사하다. 떠나보내기는 짐 내려놓기 의식 과정의 마지막 종착점이다. 다음으로 넘어가기 전에 모든 짐들이 사라졌는지 확인해야 한다.

추방자를 위한 다음 단계

짐을 내려놓은 이후 우리는 추방자에게 그동안 짐으로 인해 갖지 못했던 특질들을 가져오도록 권유한다. 대부분의 추방자들은 흔히 C 단어들(호기심, 평온함, 명료함, 연결감, 자신감, 용기, 창의성, 연민) 또는 P 단어들(현존, 인내, 끈기, 조망, 쾌활) 범주에 속하는 이름을 말한다. "놀고 싶어요." "창조적이고 싶어요." "용기를 원해요." "사랑을 원해요."

보호자들과의 후속작업

짐 내려놓기 완료 후, 다음과 같은 질문들로 보호자들을 확인해 본다. 그들이 지켜보았는가? 그들은 지금 어떻게 느끼는가? 보호자 역할을 은퇴 또는 재조정하거나 새로운 역할을 맡을 준비가 되어 있는가? 때로는 변화할 준비가 되어 있고, 때로는 자신의 역할을 완전히 포기하기 전에 일이 어떻게 진행되는지 지켜보려고 한다. 하지만 어느 경우든 안도감을 표현하며 긴장을 늦추게 된다. 만약, 짐 없애기가 완료되지 않았거나 짐이 되돌아온다면 그들은 경계를 늦추지 않을 것이다.

보호자들을 위한 다음 단계

만약, 보호자 부분들이 짐 내려놓기 과정을 목격한 후 변화할 준비가 되었다면, 우리는 다음에 어떤 것을 하고 싶은지 물어본다. 종종 보호자들은 그동안의 역할과 반대되는 것들을 하길 원한다. 예를 들어, 비판자 부분은 응원자로, 조심스러운 부분은 내담자가 탐험할 수 있도록 용기를 북돋아 주기를 원한다. 그러나 지나치게 열심히 일한 부분은 그저 잠시 휴식하기를 원한다. 특별히 트라우마 내력을 지닌 내담자의 어떤 부분들은 그들만의 짐을 가진 경우가 있으므로, 이러한 짐들을 내려놓을 수 있도록 도와주어야 한다. 보호자들이 자신의 짐을 내려놓고, 자기가 가졌던 역할들에서 벗어난 후, 자신이 갖는 소망이 스스로 놀라울 수도 있다. 한 내담자의 보호자는 항해를 하겠다고 선언했는데, 갑자기 웃음을 터뜨리면서 "어디서 그런 생각이 나왔지? 나는 보트 타는 것도 싫어하고, 심지어 수영도 싫어하는데?"

짐 내려놓기 이후: 향후의 회기

짐을 내려놓은 몇 주 후에 우리는 종종 내담자들로부터 '가벼움' '활기찬' '평온함'과 같은 해방감과 유사한 다양한 감각적 표현들을 듣게 된다. 더불어 내담자들은 짐을 내려놓은 부분들이 놀이를 하거나 행복하게 지내는 것을 발견한다. 또한 우리는 종종 섞이지 않았거나, 참나가 이끈다고 느끼는 내담자로부터 더 차분해졌다거나, 자신감을 얻었다는 자발적인 반응들을 듣는다. 해방된 보호자들이 무엇을 하기로 선택했든 간에, 우리는 그들의 필요를 확인하기 위해 되돌아가고 또한 짐 내려놓기 이후 해당 부분에 대해 3~4주 동안 매일 확인할 것을 내담자에게 요청한다. 그 이유는 내면체계가 변화를 통합하고 강화하는 데 시간이 필요하기 때문이다.

짐이 되돌아올 때

다음 같은 경우에 장애obstacles가 발생하여 짐이 되돌아올 수 있다.

1. 짐 내려놓기 직후 내담자의 삶에 위기가 발생하면 보호자를 겁먹게 만든다.
2. 짐 내려놓기를 적극적으로 허락하지 않은 보호자는 상황을 악화시킨다.
3. 내담자가 주중에 후속 작업을 하지 않을 경우, 부분은 다시 버림받은 느낌을 받는다.
4. 추방된 부분이 자신의 이야기를 모두 공유하지 않았다.
5. 참나로부터 짐들이 충분히 이해받지 못했다.
6. 체계 내 다른 부분이 그 짐을 사용하고 있다.

짐이 되돌아올 때

치료자: 당신이 방금 치유했던 부분과 매일 간단하게 확인해 볼 수 있으세요?

자크: 최선을 디헤 보겠습니다.

치료자: 어떤 어려움이 있을까요?

* '최선을 다해 보겠습니다.'는 양가적인 반응의 적신호이다.

자크: 제가 바쁘거든요.

치료자: 시간을 정해 놓고 해 보면 어떨까요? 아침 기상 때나 밤에 잠자기 전 시간이 어떠세요? 당신과 그 부분 사이에 새롭게 맺은 유대를 강화하는 게 정말 중요합니다. 굳건히 하는 데 3주 정도 소요됩니다.

* 짐 내려놓기를 한 부분과 최소한 3주 동안은 확인하는 것이 중요하다.

자크: 좋습니다. 그렇게 할게요.

일주일 후

치료자: 지난주에 당신이 도왔던 십대 소년을 확인해 봅시다.

자크: 한 주 동안 안 좋았어요. 아내와 저는 아들의 학교 교장한테 전화를 받았는데, 아들이 학교 댄스파티에서 마리화나를 피우다 붙잡혔어요. 우리는 연달아 논의를 했고 아들은 정학을 당했습니다. 우리는 집에서도 계속해서 그 문제를 다루어야 해서, 정말 그 아이와 확인할 시간이 없었어요.

치료자: 조시와의 일들이 정말 뇌리를 떠나지 않을 것 같군요. 당신의 십대를 확인하고 그가 어떻게 하고 있는지 봅시다. 그는 여전히 당신과 함께 해변에 있나요?

자크: 정말 말하기가 어렵네요. 더 이상 보이지 않아요.

치료자: 잠시 시간을 갖고 내면에서 그를 확인해 보세요.

* 짐 내려놓기 이후 추방자가 연결이 끊어지면, 끈기 있게 추적해서 연결을 다시 잇는다.

자크: 아이가 제 어린 시절 침실에 돌아온 것 같습니다.

치료자: 아이에게 어떤 일이 있었는지 물어보세요.

자크: 조시와 저 사이에 일어나고 있던 일에 대해 아이가 겁을 먹었어요.

목격하기

치료자: 그것에 대해 아이가 좀 더 얘기할 수 있을까요?

자크: 저는 조시에게 화가 났어요. 제가 제 아버지처럼 행동했고 그래서 자기가 떠났다고 아이가 말하네요.

치료자: 그 얘기가 이해가 되시나요?

자크: 네. 아이가 하는 말이 이해됩니다. 제가 어릴 때 아빠는 화를 많이 냈었는데, 지난주에 그것에 대해 실제로 얘기하지는 못했죠.

* 자크는 이제 자신의 아들은 물론이고 자기 자신의 십대를 거부했던 자신의 '아빠' 부분으로부터 어느 정도 공간을 확보해 가고 있다.

> **치료자:** 때때로 상처가 재발하는데, 그 이유는 부분이 당신과의 연결을 상실하거나 때로는 부분이 모든 얘길 나누지 않았기 때문입니다. 두 가지 다 어느 정도 아이에게 일어난 것 같아요.
>
> ### 회복하기
>
> **자크:** 이제 알겠습니다. 제가 아이에게 사과하고 있어요. 정말이지 저의 아빠처럼 행동하고 싶지 않아요.
>
> **치료자:** 당신 아버지의 분노에 대해 아이에게서 좀 더 얘기를 들어 봐도 괜찮을까요?
>
> **자크:** 네.
>
> ∞
>
> 짐 내려놓기 다음에 내담자 그리고 관련된 부분들에 대해 상황이 어떻게 진행되고 있는지 평가하길 권한다. 짐이 되돌아올 때 내담자에게 부정적인 영향을 끼치므로 우리는 이런저런 방법을 찾게 된다. 어떤 문제든 빨리 파악할수록 좋다.

이 안내서에서 추방자의 짐 내려놓기 실습을 제공하지 않는데, 이유는 여러분이 추방자를 만나게 될 경우 평소에 여러분이 취약성을 다루던 방식대로 할 것을 우리는 강력하게 권하기 때문이다. 추방자의 짐 내려놓기를 돕는 단계들을 배우려면 공식적인 IFS 치료 훈련에 참여하기를 바란다.

추방자의 짐 내려놓기와 상처 치유하기의 과학

추방된 부분들은 상처를 입었고, 취약하며, 종종 나이가 어리다. 그들은 무섭거나 수치스럽거나 착취당한 경험으로부터 짊어진 짐을 가지고 있는데, 때로는 이 모든 것을 경험한 경우도 있다. 이러한 부담스러운 감정들과 신념들을 지닌 그들은 내면체계에 부담과 위협이 된다. 하지만 이러한 짐들이 없으면 그들은 쾌활하고, 창조적이며, 삶에 대해 긍정적인 태도를 가진다. 보호자들과 마찬가지로 추방자들도 우리의 마음속에 살고 있으며, 두뇌 속의 통합되지 않은 신경망을 사용한다. 추방자는 주로 내현[암묵/비서술] 기억(무의식적인, 완강한, 감정적인, 응집된 이야기가 없는) 안에 살고 있다. 트라우마 치유는 강력한 신경가소성 실행자neuroplastic agent인 상상력에 우리가 접속할 때 마음에서 시작되며(Doidge, 2007), 암묵 기억을 외현 기억으로 전환함으로써 두뇌가 조율되지 않은 신경망을 통합하면서 그 치유는 지속된다.

짐 내려놓기 과정은 추방된 부분들이 자신의 고통을 내려놓고, 다시 온전함을 느끼며, 부분들의 내면체계와 다시 통합하도록 만든다. 이 과정은 시냅스 수준에 있는 정서적 기억을 변화시키는(Ecker, 2012) 신경가소성의 한 형태로 기억 재통합[재공고화]memory reconsolidation과 일치하는 것으로 보인다. 기억 재통합은 접속하기, 재활성화, 부조화, 삭제의 네 단계를 포함한다.

① 기억 재통합의 접속하기 단계에서 내담자는 암묵적인 정서적 기억을 확인하고 되찾는다. IFS에서는 내담자로 하여금 목표 부분을 발견하고, 초점을 두고, 구체화하도록 도울 때 이 단계가 이루어진다.

② 재활성화 단계에서 정서적 기억망이 불안정해지고, 이는 이 기억망을 시냅스 수준에서 쉽사리 잠금해제 상태에 있게 만든다. IFS에서 우리는 경험을 단순히 되살리기보다는 목표 부분이 분화해서 내담자의 참나와 연결되도록 할 때 이 단계가 이루어진다.

③ 부조화 단계는 목표 기억의 의미에 대한 전반적인 불일치에 관여한다. IFS에서 우리는 목격하기, 다시 하기, 구출하기 단계 등 치유를 위해 결정적인 모든 과정 동안에 추방자 부분이 참나에 의해 온전히 이해받고, 타당성을 인정받으며, 사랑받는다고 느낄 때 부조화가 나타난다고 믿는다.

④ 삭제 단계에서 내담자는 트라우마 경험의 의미를 새로운 앎으로 개정revise할 기회를 가진다. IFS에서 추방자는 오래된 의미들은 떠나보내고(독성이 있는 감각, 감정, 신념들의 짐을 없애고) 자신이 필요로 하는 새로운 특질들을 초대함으로써 자신의 역사를 개정한다. 물론 IFS 치료와 마찬가지로 기억 재통합은 과거를 잊게 하지는 못한다. 그러나 트라우마 사건을 회상할 때 현재의 정서적인 경험을 변화시켜 줄 수 있다.

인지행동치료CBT의 주요 전략인 반작용적인 변화couteractive change는 기억 재통합이 시냅스 수준에서 원래의 신경망을 재조직하는 동안 오래된 신경망과 싸우기 위해 새로운 신경망을 만드는 데 초점을 둔다(Ecker, 2012). 우리는 IFS에서의 짐 내려놓기 과정이 기억 재통합의 과정을 통해서 트라우마 상처의 핵심을 치유한다고 믿는다.

상속된 짐

우리가 '짐'이라고 말할 때, 과거에 발생한 부정적인 감정 상태(수치심, 공포 등) 및 신념('난 사랑스럽지 않아.' '난 가치 없어.' '난 나빠.' 등)이 지속되고 있는 것을 의미한다. IFS에서 상속된 짐legacy burdens도 이와 유사하지만 가족과 문화를 통해 상속된다. 다음과 같이 두 가지 방식으로 발달할 수 있다.

- 양육자들(종종 부모 또는 아이의 삶에서 중요한 친척들)과의 상호작용을 통해 명백하게 상속된 짐은 양육자의 보호자가 아이의 부분들을 자기 자신의 내면체계의 부분들을 다루는 방식으로 다룰 때 만들어진다(Sinko, 2016).
- 가족과 문화에서 감염되는 식으로 암암리에 상속된 짐은 아이들이 부모의 감정과 신념에 쉽게 영향을 받게 되어 만들어진다(Sinko, 2016).

상속된 짐의 기원

상속된 짐은 종종 부모나 가족이 강력하게 표현한 어떤 감정 상태에서 기원한다(예: 불안). 이는 명확한 신념(예: 외국 '여행은 위험하다.')과 함께 올 수도 있고 아닐 수도 있지만, 교육적인 이야기가 덧붙여지진 않는다. 상속된 짐은 또한 대량 학살, 노예화, 기근, 전쟁 등 선조의 집단 경험(가해자의 경험 포함)에서 기원한다.

추방자들은 ('나는 가치 없어.'와 같은) 짐들을 짊어지고 도움을 갈망하는 경향이 있고, 보호자들에게는 그들 자신의 짐들(그들이 맡은 일은 짐스럽다burdensome)이 있고 추방자와 함께 자신의 짐을 떠나보내게 되는데, 상속된 짐은 체계적이고 비가시성('항상 이런 식이었어.') 또는 충성심에 의해 붙들려 있다. 개인적 짐과 마찬가지로 상속된 짐은 어린 시절 일상적인 조율 오류misattunements에서 오거나 더 분명한 트라우마 사건에서 올 수도 있는데, 이러한 것들은 상속된 것이다. 상속된 짐은 선조들의 삶에서 기원한 감정, 신념, 에너지, 행동이다. 그 결과 상속된 짐은 가족의 습관 및 가족 규칙을 일반화하고 쉽게 규정할 수 없는 특질을 가질 수 있다. 짐 지우는 사건이 수치스러워 보였고 그 당시에 비밀로 유지되었다면, 그 이야기는 특히 "알려지지 않는, 회복불능의, 모호한, 또는 (전화 게임처럼) 상당히 왜곡될"(Sinko, 2016, p. 173) 가능성이 있다.

충성심과 유산

양육자와 형제, 가족과 문화에 대한 충성심은 내담자 체계의 짐에 대한 강력한 자물쇠로 작용할 수 있으며, 배우자나 직업 선택에서부터 건강과 죽는 방식까지 지배한다(Sinko, 2016).

후생유전학

최근 후생유전학 분야의 연구 발견들은 PTSD가 유전적으로 상속되는 장애이며, 어느 쪽 부모든 자녀에게 대물림될 수 있다는 걸 알려 준다(Burri et al., 2013). IFS는 상속된 짐을 통해 트라우마의 세대 간 전이에 대해 오랫동안 인식해 왔다.

상속된 짐은 개인적 짐과 어떻게 다른가

다른 짐들과 마찬가지로 우리는 어느 시점에서든 상속된 짐에 대해 듣게 된다. 하지만, 우리가 종종 상속된 짐을 발견하게 되는 건 특히 보호자들이 비협조적이고 내담자의 체계가 움직이지 않는 경우, 또는 통상적인 짐 내려놓기[의 효과]가 지속되지 않을 때이다. 상속된 짐은 체계 내 어디로든 옮겨질 수 있다. 따라서 추방자에 의해 옮겨지지 않을 수도 있다. 내담자가 이 짐은 개인적인 것이 아닌 상속된 짐인 것을 알게 되면, 보호자들은 보통 그 짐을 내려놓기를 바란다(Sinko, 2016). 만약 보호자들이 그 짐을 떠나보내길 꺼린다면 가족 충성도와 관련된 걱정들을 탐색하길 권한다.

상속된 짐

치료자: 가족 안에서 감정이 허용되지 않았다고 계속해서 언급하셨죠. 이것에 대해 좀 더 알아보는 것에 관심이 있으신가요?

나딘: 물론이죠. 늘 그런 식이었고, 여전히 그래요.

치료자: 내면으로 들어가서 허용되지 않는 감정에 대해 무엇이 떠오르는지 살펴보세요.

나딘: 어머니가 제게 이렇게 저렇게 느끼지 말라고 얘기하는 걸 보고 있어요.

　　* 부분이 자신의 경험을 나딘에게 보여 주기 시작한다.

치료자: 특정한 한 가지 상황이 떠오르나요?

나딘: 어머니의 대체적인 메시지는, 감정은 유용하지 않을뿐더러 방해만 되니까 제껴 놓아야 앞으로 나아갈 수 있다는 거였어요. 그게 우리 가족의 방식이었어요. 어른이 되니까 그게 얼마

나 해로웠는지 알겠어요.

* 이러한 가족문화를 상속된 짐이라 부른다.

치료자: 그것이 어머니의 신념이었고 당신과 형제에게 부정적인 방식으로 영향을 미쳤군요.

나딘: 정말 그랬어요.

치료자: 그러한 신념이 필요한가요?

나딘: 아뇨!

치료자: 그걸 내려놓고 싶으세요?

나딘: 제가 내려놓을 수 있는지 몰랐어요. 그건 제 안에 마치 세포처럼 존재해요. 그걸 정말로 바꾸고 싶어요.

치료자: 내려놓을 수 있어요. 어떻게 하는지 알려 드릴게요.

나딘: 정말 좋아요. 해 볼래요.

치료자: 감정은 나쁜 것이고, 그런 것들을 지녀선 안 된다고 믿는 그 부분 또는 부분들에게 초점을 맞추세요.

나딘: 단지 하나의 부분이 아니네요. 그것은…… 세포들 사이에 있는 거 같아요.

치료자: 어떤 것이라도 당신의 체계 안에 속하는 것이 있나요?

나딘: 아뇨. 그것들은 어머니에게 속한 거예요.

치료자: 마음의 눈을 사용해서 그 신념이 어머니에게 속한 것인지 어머니에게 물어보세요.

나딘: 어머니는 그게 자신의 어머니에게서 왔다고 하시네요.

치료자: 좋아요. 그들이 이러한 신념에 대해 뭔가 이야기하고 싶어 하는 게 있나요?

나딘: 둘 다 말하길, 그게 우리 가족에서 여자의 역할이라네요. 우리는 힘든 감정들을 무시하고 앞으로 나아가야 해요.

치료자: 당신은 이게 납득이 가시나요?

나딘: 네! 그게 제 가족 안에서 짊어져야 할 여성의 십자가예요.

치료자: 이제 선택할 수 있어요. 그게 당신에게 속하지 않는다는 걸 알게 되었으니, 내려놓길 바라나요?

나딘: 그걸 내려놓을 준비가 완벽히 되어 있어요. 한순간도 이런 식으로 살고 싶지 않아요.

치료자: 좋아요. 그 신념을 당신의 몸 안이나 주변에서 찾아보세요. 찾았나요? 어떻게 보이나요?

나딘: 갑옷이에요—금속 갑옷이에요. 실제로 중세풍이에요!

치료자: 그걸 어떻게 떠나보내고 싶은가요?

나딘: 바다 밑바닥으로 가라앉힐 거예요. 거기서 게와 물고기들이 살 수 있게요.

∞

나딘의 체계는 종종 이 상속된 짐을 떠나보내고자 하였다. 최선의 방책은 내담자의 체계가 상속된 짐을 내려놓을 준비가 되었는지 단순하게 물어보는 것이다. 준비가 되지 않았다면, 두려움을 다루면서 묶여 있는 매듭을 푸는 데 시간을 보낼 수 있다.

실습   당신의 상속된 짐 발견하기

지침: 자신의 확대가족에 대해 아는 만큼(또는 알 수 있는 만큼)을 포함하는 가계도를 만들어 본다. 가계도 유형의 다양한 선택안을 제공하는 무료 페이지들이 있다(예, http://www.genopro.com/Default-New.aspx).

당신의 가계도에는

• 대체로 트라우마를 강조하고 자신이 추적해 보길 바라는 특정한 이슈들을 적는데, 알코올, 이혼, 가정폭력, 근친상간, 다산multiple childbirths, 안전하지 않은 생활환경들, 노예, 인종차별주의, 약물남용, 전쟁, 대량 학살, 기아, 이민 등과 같은 것들이다.

• 또한 특정한 재능—음악, 수학, 기계, 관계 기술—같은 긍정적인 것들도 포함한다.

〈예시〉

나의 외조부모

• 메리: 뉴욕시에서 자랐고, 공장에서 일했던 아일랜드 이민자의 딸이고, 아버지가 알코올 중독이었으며, 10명의 형제 중 두 명이 유아 때 사망했다.

• 콜린: 뉴욕주 북부에서 자랐고, 배관공과 전업주부의 아들인데 어머니는 콜린이 열 살 때 '신경쇠약'에 걸렸다.

• 그들의 자녀들

  – 나의 어머니, 시빌

  – 이모 엘리너

  – 외삼촌 에드워드(15세 때 사고로 사망)

나의 부모

• 시빌: 학교 교사

• 조지프: 회계사

  – 나의 형제들과 나

    · 나

    · 리암: 가옥 도장업자, 알코올 문제, 자녀 하나

    · 마리: 간호사, 자녀 둘

이모 엘리너: 오페라 가수의 꿈을 포기함

• 남편 알: 자동차 정비공

- 나의 사촌들:
  - 샤론: 재능 있는 가수, 자녀 없음
  - 데일: 보험계리사, 자녀 셋

가계도에서 강점과 취약점의 반복되는 패턴을 알아차리고 다음에 적는다. 필요시 추가 용지를 사용한다.

강점:

_____

_____

취약점:

_____

_____

자신 안에 존재하면서 당신의 삶에 영향을 미쳐 온 조상의 취약점을 한 가지 선택한다.

- 자신의 주의를 내면으로 돌려서 이러한 취약점에 주의를 기울이는 것이 괜찮은지 허락을 구한다.
- 염려가 있다면 그 염려를 경청하고 치료자의 도움을 받아서 염려를 살펴 볼 계획을 세우고, 허락을 얻었다면 계속 진행한다.
- 당신의 몸 안, 표면, 또는 주변에서 취약점을 알아차린다.
- 다음 질문을 하고 들은 걸 검열하거나 생각하지 말고 적는다.
  - 이 취약점의 몇 퍼센트가 내게 속하고 몇 퍼센트가 나의 부모(또는 당신의 초기 인생의 누군가)에게 속하는가?

_____ %는 내게 속한다.

_____ %는 _____ 에게 속한다.

제6장

/

치료 팁

회기를 마무리할 때 제안사항

어떤 사람들은 회기의 상당 시간 또는 모든 시간을 눈을 감고 있어서 시간 감각을 잃어버리는 경향이 많지만, 어떤 이들은 그렇지 않다. 어떤 사람들은 끝나기 5분 전에 알려 주는 것을 좋아하지만, 어떤 이들은 그보다 일찍 알려 주는 것을 선호한다. 내담자의 선호에 달려 있지만 회기를 마무리하기 위해 다음과 같이 말할 수 있다.

- "오늘 우리에게 남은 시간은 5분 정도입니다……."
- "시간이 거의 다 되었습니다……."
- "우리는 곧 마쳐야 합니다……."

그러고 나서 전개되는 상황에 따라 몇 가지 선택안을 제공한다.

- 당신이 보호자와 교섭하고 있다면,
  - "약 2분 후에 끝내야 합니다. 우리가 다음 주에 돌아와서 주의를 기울여도 이 부분은 괜찮을까요?"
- 대답이 '아니요'라면,
  - "좋습니다. 다음 주에 다시 와서 이것에 대해 얘기를 계속해도 그 부분이 괜찮을까요?"
- 추방자를 목격하고 있다면,
  - "이 부분이 이번 회기와 다음 회기 사이에 안전하고 편안하게 느끼면서 머물고 싶어 할 곳이 어디일까요?"

내담자를 위한 회기와 회기 사이

당신이 부분과 대화를 하고 있었다면, 되돌아올 계획을 세우길 바랄 것이다.

- "이 부분은 그동안 어디에 머물고 싶어 하나요? 옮겨 가야 할 필요는 없지만, 어딘가 다른 곳에 머물고 싶어 한다면 어느 시간 어느 장소든 머물 수 있어요. 한 주 동안 이 부분이 머물고 싶은 곳과 거기서 필요한 것이 무엇인지 알려 달라고 요청하세요."

- "그 부분이 확인해 주길 바란다면 당신은 해 줄 수 있나요?"
- '예'라면,
  - "당신이 그걸 해 주겠다고 말한다면 끝까지 해 내는 걸 분명히 해 주세요. 하루 중 정기적으로 확인할 수 있는 시간이 있나요? 일어나거나 잠자러 가는 시간처럼요."

때로는 부분들이 단순하게 내담자를 방문할 수 있기를 바라는데, 그럴 경우 필요하다면 물어본다.

- "그 부분이 당신에게 관심받기를 원할 때 어떻게 관심을 받을 수 있을까요? 그리고 바로 그 순간에 당신이 주의를 기울일 수 없다면 뭐라고 말씀하시겠어요?"
- 내담자가 '모르겠다'라고 한다면 몇 가지 선택안을 제공한다.
  - "'내가 지금 당장은 바쁘지만 이 전화 통화를 끝내고 4시에 네게 돌아가 볼게.'라고 하든지, 그때그때 상황에 따라서 무엇이든 얘기할 수 있습니다. 그러나 그러한 계획을 세웠다면 실행할 수 있도록 메모를 합니다. 신뢰를 얻으려면, 일관성이 있어야 합니다."

목표 부분과 종결한 다음에 전체 체계에 대해 확인한다.

- "우리가 오늘 회기를 마치기 전에 당신이 자기를 알아주기를 바라는 부분이 있거나 당신에게서 무언가를 바라는 부분이 있나요?"
- "다음 한 주 동안 당신에게서 무언가를 바라는 부분이 있나요?"
- "좋아요. 이제 다음 회기 때까지 당신이 일상생활을 할 수 있도록 당신의 모든 부분들을 내면으로 들어가게 하고 그들의 에너지를 돌려주세요."

치료자를 위한 회기와 회기 사이

치료자가 또 다른 내담자를 만나기 전에 잠시 시간을 내어 치료자 자신의 부분들을 확인해 보는 것은 좋은 수행이다. 앞의 내담자에 의해 부분들이 활성화될 수 있고 약간의 주의가 필요할 수 있다. 또는 다음 내담자에 대해 다른 부분들이 신경과민해지고 불안해할 수도 있다.

회기 사이에 다음의 명상을 정기적으로 실행함으로써 치료자의 활성화된 부분들의 에너지를 정화할 수 있고, 그 결과 치료자는 다음 내담자에게 개방적이고 가용할 수 있게 된다.

명상 회기 사이의 치료자 확인 작업

- (편안하게 느낀다면) 눈을 감고 이전의 내담자가 당신의 부분들 중 어떤 걸 촉발했는지 내면에게 물어본다.

- 당신의 부분들이 지금 당신에게서 어떤 걸 필요로 하는지 물어본다. 그들이 긴장을 풀 용의가 있는지 확인한다.
  - 그렇지 않다면, 그들과 함께 나중 시간에 후속 조치할 계획을 세운다. 그리고 언제 돌아와서 그들을 돌볼지 그 시간을 정한다. 그런 다음 당신이 다음 내담자를 보는 동안 그들에게 (당신의 마음 안에 있는) 대기실에 들어가도록 요청한다.

- 내면에 공간을 만들어서 바로 전의 내담자에 의해 촉발된 경험에 참나 에너지를 가져오도록 한다.

- 그러한 부분들이 물러설 때, 만들어진 내면의 공간을 알아차린다.

- 이제 당신의 부분들이 다음 내담자에 대해 불안을 느끼는지 물어본다.
  - 그들의 걱정에 대해 귀를 기울이고 회기 동안 그들이 당신 근처에서 쉴 수 있다는 걸 알려 준다. 또는 그 부분이 더 편안하게 느낀다면 대기실에 머무를 수 있다.
  - 그들에게 당신의 참나가 다음 회기를 다루는 걸 신뢰할 수 있는지 물어본다.

- 다시, 다음 내담자와 진행을 하기 전에 당신의 참나와 연결하도록 한다.

문제해결하기: 흔히 발생하는 문제와 자주 묻는 질문

- 내담자가 IFS 용어를 좋아하지 않고 부분들의 개념에 당혹스러워한다.
    - 내담자가 부분에 대해 얘기하고 있다는 걸 알고, 내담자의 용어에 집중한다. "당신이 화가 날 때" 또는 "당신이 너무 많이 먹을 때"
- 내담자가 내면 경험—감각, 감정, 생각—에 주의를 기울이는 걸 불편해한다.
    - 왜 그런지 알아보는 것에 대해 허락을 구한 뒤 그 이유를 경청한다. 종종 문제는 추방자가 압도하는 것이거나 극단적인 보호자에 너무 많은 권한을 주는 것에 대한 두려움이다.
- 부분들은 정신병리의 증거라고 내담자는 믿고 있다.
    - 우리는 정신의 다중성이 정상적이라고 말해 주고 부분들의 긍정적 의도를 타당화한다.
- 내담자가 순응적이지만 열심히 참여하지는 않는다.
    - 치료자는 그러한 자신의 관찰을 우호적인 방식으로 전달하고 그것에 대해 호기심을 갖는 게 괜찮을지 물어본다. 그런 다음 내담자를 데려가는 부분(보통은 참나와 유사한 부분)을 찾아서 그 부분의 동기에 대해 물어본다.
- 내담자의 부분들이 혼란 속에 빠져 있다.
    - 인내심을 갖고, 이것이 그러한 사례임을 알고 관찰하면서, 왜 그러한 표현presentation이 중요한지 탐색한다.
- 내담자가 그냥 이야기하기를 원하고 당신의 의견을 묻는다.
    - 이러한 보호자를 인정해 주면서 다른 부분들이 얘기할 기회를 차단하는 대신 자신의 걱정들에 대해 솔직해질 용의가 있는지 물어본다.
- 내담자가 힘들어하거나 무서워하는 부분과 섞여 있다.
    - 강렬한 부정적 감정들을 지녀서 압도할 위협이 있는 추방자
    - 잔인한 비판자
    - 자해 또는 자살하려는 부분
    - 격분한 부분
    - 그 부분과 대화하기 위해 직접 접속을 사용하기
- 내담자의 보호자들은 참나를 위한 공간을 만들지 않으려고 한다.
    - 당신의 참나를 신뢰해서 주도권을 쥐고 탐험하도록 한다.
    - 참나와 유사한 부분이 활성화되어 있을 수 있다.
    - 보호 부분은 내담자의 참나를 향해 부정적인 감정을 지닐 수 있다.

제7장

/

IFS 치료의 적용

IFS를 적용할 때 갖는 일반적인 우려사항

1. IFS 치료자로서 경험이나 훈련이 충분하지 못하다.
   - 숙련되지 않은 IFS 치료자도 충분히 보호자와 안전한 대화를 할 수 있다. 단, 추방자와 작업하려고 시도하면 안 된다.
2. 앞으로 닥칠 어려움을 다룰 자신이 없다.
   - 자신감은 경험이 쌓일수록 올라갈 수 있으며, IFS 경험이나 훈련이 적은 치료자도 보호자와 안전하게 면담할 수 있다.
   - 직접적인 IFS 치료를 경험하는 것뿐만 아니라 숙련된 IFS 치료자의 공식적인 훈련과 감독을 받는 것이 좋다.

IFS 적용에 관해 자주 묻는 질문

1. 이전에 받은 훈련과 IFS를 통합할 수 있는가?
   - 당신이 내담자의 부분들에 대하여 호기심을 갖고, 타당화하며, 자비롭고, 예의 바를 수 있다면(즉, 참나가 이끄는 상태로 머물 수 있다면), 당신이 알고 있고 믿고 있는 기술들을 통합하는 시도를 부담 없이 해도 된다.
   - IFS가 전통적인 트라우마 치료 접근들과 몇 가지 중요한 측면에서 정말 다르다는 것을 명심하라(Anderson & Sweezy, 2016).
   - 전반적으로 IFS를 토대로 치료를 진행하면서 여러분이 적절하다고 생각하는 다른 양식들을 통합하라. 예를 들면, 특정한 부분이 용의를 낸다면 그 부분과 CBT, EMDR 또는 신체 작업의 일부를 시행한다.
2. 추방자가 의도치 않게 촉발되었다면 어떻게 해야 하는가?
   - 내담자의 보호자들에게 사과하고 당신의 의도가 아니었다는 걸 알리고 자신의 직무를 수행하려는 그들의 욕구를 타당화한다.

숙련되고 재능 있는 많은 치료자들이 IFS 훈련을 받고 세계 곳곳에서 IFS를 다양한 치료 대상과 치료 양식에 적용하고 있다. 다음의 목록은 그중 일부만 담고 있으며 참나리더십센터 웹사이트(https://www.selfleadership.org)에서 더 많은 출판물과 정보를 확인할 수 있다.

IFS의 다양한 치료모델

커플

토니 허바인-블랭크Toni Herbine-Blank는 커플 치료 친밀감의 인사이드 아웃Intimacy from the Inside Out(IFIO)에 IFS를 접목하면서 친밀한 관계를 위한 좋은 의사소통의 중요성을 강조한다. IFIO는 파트너에게 부분에 대해 말하고, 참나가 부분에 대해 말하는 것을 가르쳐 줌으로써, 그들이 서로의 차이점에 대해 인정하고, 차이점을 가지고 살 수 있다고 느낄 때까지 내적·외적 수치심을 거두고, 힘든 대화를 계속해 나갈 수 있도록 돕는다(Herbine-Blank, 2013; Herbine-Blank, Kerpelman, & Sweezy, 2016).

* Toni Herbine-Blank, MSN: 선임 IFS 트레이너 + 교육 개발자 및 〈인사이드 아웃〉의 Intimacy director. www.toniherbineblank.com

재혼가정

패트리샤 페이퍼나우Patricia Papernow는 재혼가정stepfamilies과의 작업에서 IFS를 사용하여 재혼가정 구조에서 발생하는 다섯 가지 주요 과제를 조명한다. 각 과제에 대해 세 가지 수준의 임상 작업을 통해 극단적인 부분이 긴장을 풀고 이러한 과제를 해결하는 데 필요한 자기 주도적 역할을 할 수 있다. 1) 심리교육: 재혼가정이 첫 번째 가정과 어떻게 다른지, 무엇이 효과가 있는지, 그리고 무엇이 도전에 부응하지 못하는지에 대한 정보를 제공한다. 2) 대인 관계: 재혼가정 구조의 분열적인 힘에 직면하여 참나 사이의 연결을 지원한다. 3) 심리 내적: 반동성이 높은(또는 낮은) 상태를 유지하는 경우, 반동성을 유발하는 오래된 원가족family of origin 상처들을 치료하기 위해 IFS를 사용한다(Papernow, 2013).

* Patricia Papernow: 『재혼가정 관계에서의 생존과 번영: 기제의 효과성에 대한 고찰(Surviving and Thriving in Stepfamily Relationships: What Works and What Doesn't)』 www.stepfamilyrelationships.com, ppapernow@gmail.com

아동과 청소년

파멜라 크라우스Pamela Krause는 아동과 청소년을 대상으로 한 IFS 적용에서 성인보다 힘이 약한 아동은 가족의 역동성과 성인의 행동에 반드시 간접적인 영향을 미치게 된다고 지적한다. 그 방향을 상징하는 증상들은 우리를 내부적으로 문제를 해결하는 부분으로 이끈다. 크라우스(Krause, 2013)는 IFS를 통해 어떻게 부모를 그들의 보호자로부터 분리하는 동시에 아동들이 부분을 외현화하고 부분과 관계 맺도록 돕는지, 그리고 그를 통해 보호자의 우려를 타당화하고 추방된 상처를 치료하는지 보여 준다.

 * Pamela Krause: pamela.krause@gmail.com, 717-732-6055

성인 자녀 양육하기

폴 노이스타트Paul Neustadt는 성인 자녀를 양육하는 도전과제들을 대상으로 한 IFS 적용에서 참나가 주도하는 양육과 반동하는 양육을 구분한다. 참나 주도형 부모는 현재를 균형감 있고 명료하게 볼 수 있는 반면, 보호자와 섞인 부모는 현재 상황이 과거의 부정적 경험인 것처럼 반응한다. 노이스타트는 IFS 접근 방식으로 부모가 보호자로부터 탈섞임하고, 참나 상태로 양육하는 방법을 보여 준다(Neustadt, 2016).

 * Paul Neustadt: probneus@gmail.com

집단

집단치료는 매우 다양한 인적 구성에 대한 광범위한 선택사항을 포괄하는 용어이다. 비록 IFS 집단치료를 다룬 출판물은 아직 없지만, 많은 숙련된 치료자들은 IFS를 집단치료에 적용하고 있다. IFS의 기본 원리(모든 사람에게 부분이 있고, 보호 부분이 참나와 분화되었을 때 상처받은 부분들이 치유된다.)가 트라우마 생존자들, 우울증, 불안, 섭식장애, 중독을 포함한 다양한 내담자 집단에 적용될 수 있다는 사례가 관찰되고 있다.

움직임(동작)

수잔 맥코넬Susan McConnell은 신체기반 IFS 적용에서 애착 상처와 트라우마의 신체적 징후를 찾고, IFS 치료자가 호흡, 움직임 및 접촉touch을 사용하여 참나를 체현할 수 있고, 부분들과 관계를 맺을 수 있으며, 이러한 유리한 위치에서 목격하고, 짐을 내려놓으며, 이러한 부분들을 내면체계에 다시 통합할 수 있는 방법을 보여 준다(McConnell, 2013).

* Susan McConnell: susanmcon@gmail.com, embodiedself.net

트라우마

외상 후 스트레스 장애(PTSD), 해리성 정체감 장애(DID), 기타 극도의 스트레스성 장애(DESNOS)

IFS를 트라우마에 적용한 프랭크 앤더슨Frank Anderson과 마사 스위지Martha Sweezy는 IFS를 일반적인 트라우마 치료와 구별한다. 일반적인 치료법은 치료를 여러 단계로 나누고, 다양한 방법을 통해 내담자를 안정시킨 후, 트라우마 기억을 다루기 위한 다양한 노출 기반 옵션으로 나아간다. 이와 대조적으로, IFS는 (내적·외적으로) 최고조에 도달하는 사랑의 관계 방식을 개발하면서 극단적인 증상이나 부분을 처음부터 환영하고, 트라우마가 조장하는 다양한 공격적인 거짓말들('나는 사랑스럽지 않아.' '나는 가치 없는 존재야.')을 인정하지 않는 관계의 힘을 가지고 있다(Anderson & Sweezy, 2016).

* Frank Anderson: FrankAndersonMD.com, Frank@FrankAndersonMD.com
* Martha Sweezy, Northampton, MA, 617-669-7656, http://marthasweezy.com

만성신체질환 트라우마 및 트라우마 관련 신체질환

낸시 소웰Nancy Sowell은 만성질환에 IFS를 적용하는데, IFS의 심오한 자기수용을 실행함으로써 가슴을 위로하고 치유하는 방법이 일반적으로 트라우마에 수반되는 감정적·생리적 조절 장애를 완화시킨다는 것을 보여 준다. 또한 극기 대 두려움 및 슬픔과 같이 흔히 만성질환에 수반되는 갈등이 약화된다. 이러한 약화는 자기연민과 자율성을 향상시키고 몸과 마음의 치유로 이어진다(Sowell, 2013).

* Nancy Sowell: www.nancysowell.com

트라우마적 정신질환

조울증과 정신분열증

주요 정신질환의 치료 수단으로서 IFS를 주제로 행해진 연구나 발행물은 아직까지 없다. 우리는 임상 경험을 통해 주요 정신질환 자체가 트라우마적이라는 사실을 알고 있으며, 이러한 경험이 있는 내담자들과 함께 IFS 치료를 시도해 보기를 기대한다.

트라우마와 생물학적 요인 모두에 관련이 있을 수 있는 정신질환

우울과 불안

마사 스위지는 IFS의 특별한 강점을 탐구하는 과정에서 IFS의 핵심 요소인 자기연민self-compassion은 수치심과 상호 배타적이며 수치심은 우울감과 불안을 포함한 다양한 증상에서 중요한 역할을 하기 때문에 IFS가 광범위한 정신적 고통의 소용돌이를 극복하는 데 효과적일 것이라고 추정한다(Sweezy, 2016).

* Martha Sweezy, Northampton, MA, 617-669-7656, http://marthasweezy.com

섹슈얼리티

성적인 부분과 에로틱한 것들에 대한 반응을 환영하기

래리 로젠버그Larry Rosenberg는 IFS의 개념을 섹슈얼리티와 관련지어 적용하면서, 부분들은 흥분된 욕망에서부터 수치스러운 억제에 이르기까지 성에 관한 양극화된 문화적인 메시지를 내면화한다고 지적한다. 그리고 에로틱한 자극들은 충돌하는 긴장감들과 함께 놀이를 할 수 있는 기회로 유익함을 가지며, 본질적으로 음양의 양극성을 포함하고 있다고 상정한다. 치료자 자신의 불안감이나 판단하는 부분의 부담을 줄일 때, 내담자가 성적 기능, 정체성, 욕망 및 행동을 탐구하도록 도와줄 수 있다(Rosenburg, 2013).

* Larry Rosenberg, Ph.D., 1105 Massachusetts Ave. Suite 3F, Cambridge, MA 02138, 617-491-1085, larry_rosenberg@hms.harvard.edu

상실

참나가 이끄는 애도

데렉 스캇Derek Scott은 애도 치료grief therapy에 IFS를 적용하면서 단순한 애도와 복합적인 애도를 구분한다. 전자는 직접적이며, IFS 치료자가 유족 내담자를 위한 동반자 및 안내자가 되는 가운데 참나 에너지를 체화할 것을 요구한다. 복합적인 애도는 치유를 위해서 과거에 지지받지 못한 상실을 경험한 부분들과 내담자의 참나로부터 사랑과 연민이 필요한 부분으로 연결된다(Scott, 2016).

* Derek Scott: 519-438-6777, derek@derekscott.com, www.derekscott.com

억압

인종차별주의(그리고 동성애 혐오, 성전환자 혐오, 여성 혐오, 외국인 혐오를 포함한 모든 형태의 심한 편견)

리처드 슈워츠Richiard Schwartz는 자신의 인종차별적 인식을 해결하기 위해 자신의 인종차별적인 부분과 친구가 되었고 그들의 보호 역할에 대해 배웠다. 그는 심한 편견, 특히 감춰진 심한 편견을 인정하는 도전을 하게 되면, 부분과 참나에 대해 생각하고 말할 때 보이지 않는 위험이 줄어든다고 말한다. 왜냐하면 우리가 가지고 있는 인종차별적 신념과 행동 부분들은 우리를 지구적 차원의 존재로 정의하지 않기 때문이다. 또한 리처드는 우리의 모든 부분이 안전하게 애착되어 있다고 느끼고 내적 안전감을 느끼도록 돕는 것이 어떻게 (대부분 의절한 관계인) 공격적인 보호자들을 번거로운 직무에서 해방시켜 주는 방법인가를 보여 준다. 리처드는 참나가 주도하는 대화를 촉진하여 개인과 공동체 차원에서 인종차별주의의 상처를 치유하도록 사람들을 움직일 수 있었고 그중에는 전쟁 중인 사람들(특히 이스라엘과 팔레스타인)도 포함되어 있다(Schwartz, 2016).

* Richard Schwartz: https://www.selfleadership.org

극단적 보호

가해자 부분

리처드 슈워츠는 가해자들과의 치료에 IFS를 사용하면서 가해자 부분은 명백한 보호자 집단이라는 것을 알게 되었다. 보호자는 지배하고 모욕을 주려는 추동이 있고, 권력을 가진 위치에 있을 때 안도감을 경험하고, 내면과 다른 사람의 취약점을 경멸하면서 처벌하려 들고, 그들의 행동으로 인한 결과를 걱정하거나 희생자에 대한 감정을 보이지 않는다. 슈워츠는 비록 이러한 부분들이 파괴적이고 무섭지만, 이런 식으로 행동하거나 직무를 수행하기 위해 태어난 것은 아니라고 지적한다. 사실 보호자들은 자신들의 직무를 좋아하지 않으며 자신들이 보호하는 부분이 치유되면 그들도 변화한다(Schwartz, 2016).

* Richard Schwartz: https://www.selfleadership.org

큰 대가를 치르는 중독의 주의전환

알코올과 약물

체스 사이크스Cece Sykes는 알코올 및 약물 중독 치료에 IFS 적용하면서, 내담자가 가혹한 자기 관리와 강박적인 위험 감수 간의 전형적인 중독자 양극성과, 두 가지 역할에 사로잡힌 보호자가 어떠한 방식으로 긍정적인 의도를 가지고 있는지 보도록 돕는다. 그녀의 가장 중요한 목표는 내면의 균형을 회복하고 치유하는 데 필요한 자기연민을 이루도록 내담자를 돕는 것이다.

* Cece Sykes, LCSW, 708-903-4348, www.cecesykeslcsw.com, cecesykes427@gmail.com

포르노그래피

낸시 원더Nancy Wonder는 포르노 중독자 치료에 IFS를 적용하면서 섹스 중독자 치료를 위한 일반적인 수치감 접근 방식을 피하고, 치료자의 참나가 주도하는 상황에서 내담자를 장악하고 있는 내적 양극성(포르노를 좋아하는 부분과 주의를 전환하거나 스스로 위안을 얻기 위해 포르노를 필요로 하는 내담자를 약하고, 창피하고, 천박하게 여기는 부분)을 탐색하는 것을 최우선 목표로 삼았다. 양극성 모두에서 보호자를 환영하면 내담자를 참나가 주도하게 하고, 추방된 부분을 치유하며, 강박적인 위안의 허상을 내려놓도록 도울 수 있다(Wonder, 2013).

* Nancy Wonder: 애착 상해, 성적 학대, 성적 행동화 전문가. 850-222-7112, nancywonder@icloud.com

섭식[식이]장애: 거식증, 식욕 이상항진증, 폭식증

진 카탄자로Jeanne Catanzaro는 섭식장애 치료에 IFS를 활용한다. 그녀는 섭식장애 내담자가 양극화된 보호자들을 가지고 있는데, 이들은 서로를 두려워하고, 양극화된 보호자들이 긴장을 풀 때 추방된 감정이 나타나는 것을 두려워한다. 치료자는 IFS를 사용하여 선한 의도를 가진 부분이 지닌 두려움을 타당화하고 갈등을 완화하여 근원적인 상처에 접속하고 치료할 수 있다(Catanzaro, 2016).

* Jeane Catanzato: jeannecatanzarophd@gmail.com

심리치료를 넘어서

정신약리학

프랭크 앤더슨Frank Anderson은 IFS를 정신약리학에 적용하면서 처방을 위한 다섯 가지 전략을 명료하게 설명한다. 먼저 그는 증상 목록을 확인하고 부분의 행동과 생물학적 조건을 구별할 수 있도록 부분과의 대화를 시작한다. 그런 다음 약물에 대한 부분의 이전 경험을 타당화하고 미래에 대한 걱정을 살펴본다. 이 단계 이후에는 모든 부분이 동의한 상태에서만 약을 처방한다. 합의가 이루어지면 그는 부분들에게 약의 기대효과를 교육하고 그들의 경험에 대해 계속 의사소통할 수 있도록 부분들을 초대한다. 마지막으로, 그는 내담자가 결정을 내리는 동안 참나가 교육자의 역할을 주도할 수 있도록 치료자 자신의 부분들이 섞이지 않도록 한다(Anderson, 2013).

* Frank Anderson: FrankAndersonMD.com, Frank@FrankAndersonMD.com

마음챙김

잭 엥글러Jack Engler는 『내면가족체계치료: 새로운 차원Internal Family System Therapy: New Dimensions』의 서문에서 개인적인 IFS 치료 경험을 기술하면서 슈워츠의 '참나' 개념과 다양한 영적 전통의 가르침 간에 몇 가지 주목할 만한 유사점과 차이점을 설명한다. 대부분의 영적 수행이 이미 우리 안에 완전하게 자각하고 깨어 있는 대상에 접속하려고 하는 한편, IFS 접근 방식과 대부분의 영적인 전통들에는 두 가지 중요한 차이점이 있다고 지적한다. 첫째, 참나는 상호작용적이며, 둘째, 참나에 접속하는 데 수년간의 훈련된 수행이 필요하지 않다(Engler, 2013).

* Jack Engler, Ph.D.: 266 Peakham Road, Sudbury, MA 01776, 978-460-4259, jackengler@verizon.net

건강 코칭

IFS의 건강 코칭('참나 상태의 정보전달적·비판단적 건강 코칭' 또는 SINHC™) 적용 과정에서 존 리빙스턴John Livingstone과 조안 가프니Joann Gaffney는 건강 코치가 환자에게 정서적으로 다가갈 수 있도록 자기 자신의 부분이 갖는 느낌과 신념을 알아차리도록 교육한다. SINHC 훈련을 받은 코치는 환자의 부분(일명 '정보의 교직information interweave™')에 대해 직접 접속을 사용하되 처음에는 조언을 제공하지 않는다. 대신 환자의 부분이 가진 느낌과 신념에 귀를 기울인다. 코치는 관심을 표현하고 걱정을 타당화함으로써, 보호 부분이 안심하도록 도와서 환자가 증거 기반의 정보를 듣고 참나의 주도로 결정할 수 있게 한다(Livingstone & Gaffney, 2013).

* Joanne Gaffney: 508 487-0400, jgaffneyliving@gmail.com

* John B. Livingstone: Health, Athletic, and Executive Coaching Science, Gaffney & Livingstone

Consultants, 522 Commercial St, Provincetown, MA 02657

jlivingstoneservices@comcast.net, 508-487-0455, 617-413-7131

창의성

잔나 말라무드 스미스Janna Malamud Smith는 『내면가족체계치료: 혁신과 정교화Innovations and Elaborations in Internal Family Systems Therapy』의 서문에서 내담자와 부분이 상호작용하면서 정신적 과정이 구체화되는 IFS 심리치료 과정을 본질적인 마음의 프로세스를 활용하는 소설, 시, 희곡과 비교한다. 작가는 자신의 등장인물뿐만 아니라 각 등장인물의 부분까지 다양한 다른 관점을 찾아내고 이입하기 때문이다(Smith, 2016).

* Janna Smith: 『WBUR's Cognoscenti』에 정기적으로 글을 기고하고 있다.

Jannamalamudsmith.com, jannamsmith@verizon.net

IFS 관련 연구

마이클 미토퍼Michael Mithoefer와 연구팀은 참전군인, 소방관, 경찰관, 그리고 강간, 폭행 또는 아동학대로 인한 PTSD 환자들의 심리치료를 돕기 위해 약물 3,4-메틸렌디옥시메탐페타민(MDMA-일명 '엑스터시')의 효과를 연구해 왔다. IFS에서 훈련을 받은 정신과 의사인 미토퍼는 "MDMA는 이 약물을 복용한 환자의 참나 에너지의 현저한 증가와 더불어, 부분을 인식하고 구분하는 능력도 증가시킨다."고 기술했다. 그의 연구결과는 단기적·장기적 모두 주목할 만한 PTSD 증상의 감소를 보였다.

* Michael Mithoefer: mmithoefer@mac.com

『Journal of Rheumatology』(류머티즘 학술지-역자 주)에 발표된 연구(Shadick et al., 2013)에서 IFS 치료가 관절 류머티즘 환자에 긍정적인 효과를 보였다고 밝혔다. 이 연구는 근거중심 프로그램 및 치료법 국립등록원the National Registry for Evidence-based Programs and Practices(NREPP)에 제출되었고 결과적으로 IFS는 근거 기반 치료법evidence-based practice으로 승인되었다. 특히 NREPP는 IFS가 마음(우울, 불안), 신체(물리적 건강 상태), 영(개인의 회복탄력성과 자기 개념)을 위한 유망한 효과를 발견했다.

최근에 심리치료를 넘어서 연구, 장학금, 홍보 활동을 통해 IFS의 발전을 위해 헌신하는 비영리 단체인 참나리더십재단Foundation for Self Leadership(FSL)은 「PTSD 및 복합 트라우마 치료를 위한 IFS 치료IFS Therapy for the Treatment of PTSD and Complex Trauma」와 「IFS 개입의 현상학, 생리학, 이자적 과정 탐구Exploring the Phenomenology, Physiology, and Dyadic Processes of an IFS Intervention」라는 두 가지 시범 연구를 지원하였다. 후자의 연구는 IFS가 치료자, 내담자 그리고 그들 사이의 치료적 관계에 생리학적 영향을 미친다는 가정을 세운다. 한편, PTSD와 복합 트라우마 연구의 결과는 16주간의 IFS 치료가 끝난 후 13명의 참여자 중 12명의 참여자에게서 PTSD와 우울 증상이 현저하게 감소했음을 보여 준다. 보다 자세한 IFS 연구 내용은 참나리더십재단 웹사이트(FoundationIFS.org)에서 찾아볼 수 있다.

참고문헌

American Psychiatric Association. (2013). *Diagnostic and statistical manual of mental disorders* (5th ed.). Arlington, VA: American Psychiatric Publishing. 권준수 외 역 (2015). 정신질환의 진단 및 통계 편람: DSM-5. 서울: 학지사.

Anderson, F. G. (2013). "Who's Taking What?" Connecting Neuroscience, Psychopharmacology and Internal Family Systems for Trauma. In: M. Sweezy & E. L. Ziskind (Eds.), *Internal family systems therapy: New dimensions* (pp. 107-126). Oxford, UK: Routledge.

Anderson, F. G., & Sweezy M. (2016). What IFS Offers to the Treatment of Trauma. In: M. Sweezy & E. L. Ziskind (Eds.), *Innovations and elaborations in internal family systems therapy* (pp. 133-147). Oxford, UK: Routledge.

Anderson, F. G. (2016). Here's How Neuroscience Can Shift Your Client's Emotions in an Instant. *Psychotherapy Networker*, Nov./Dec. 2016.

Burri, A., Küffer, A., & Maercker, A. (2013, January 16). Epigenetic Mechanisms in Post-Traumatic Stress Disorder. *StressPoints*. Retrieved from http://www.istss.org/education-research/traumaticstresspoints/2013-january/epigenetic-mechanisms-in-post-traumatic-stress-dis.aspx

Catanzaro, J. (2016). IFS and Eating Disorders: Healing the Parts Who Hide in Plain Sight. In: M. Sweezy & E. L. Ziskind (Eds.), *Innovations and elaborations in internal family systems therapy* (pp. 49-69). Oxford, UK: Routledge.

D'Andrea, W., Ford, J., Stolbach, B., Spinazzola, J., & van der Kolk, B. A. (2012). Understanding Interpersonal Trauma in Children: Why We Need a Developmentally Appropriate Trauma Diagnosis. *American Journal of Orthopsychiatry, 82*, 187-200.

Doidge, N. (2007). *The Brain That Changes Itself.* 김미선 역. (2008). 기적을 부르는 뇌. 지호.

Ecker, B., Ticic, R., & Hulley, L. (2012). *Unlocking the emotional brain: Eliminating symptoms at their roots using memory reconsolidation.* London, UK: Routledge. 김유미 역. (2017). 뉴로사이코테라피. 서울: 학지사.

Engler, J. (2013). An Introduction to IFS. In: M. Sweezy & E. L. Ziskind (Eds.), *Internal family systems therapy: New dimensions* (pp. xvii–xxvii). Oxford, UK: Routledge.

Fisher, S. F. (2014). *Neurofeedback in the treatment of developmental trauma: Calming the fear-driven brain.* New York: W. W. Norton & Company, Inc.

Geib, P. (2016). Expanded Unburdenings: Relaxing Managers and Releasing Creativity. In: M. Sweezy & E. L. Ziskind (Eds.), *Innovations and elaborations in internal family systems therapy* (pp. 148–163). Oxford, UK: Routledge.

Herbine-Blank, T. (2016). Self in Relationship: An Introduction to IFS Couple Therapy. In: M. Sweezy & E. L. Ziskind (Eds.), *Internal family systems therapy: New dimensions* (pp. 55–71). Oxford, UK: Routledge.

Herbine-Blank, T., Kerpelman, D., & Sweezy, M. (2015). *Intimacy from the inside out: Courage and compassion in couple therapy.* Oxford, UK: Routledge. 김아신, 신인수 역. (근간). 친밀감의 인사이드 아웃: IFS 커플치료(가제). 서울: 하나의학사.

Herman, J. L., Perry, C. J., & Van der Kolk, B. A. (1989, April). Childhood trauma in borderline personality disorder. *American Journal of Psychiatry, 146*(4), 490–495 (ISSN: 0002-953X).

Herman, J. L. (1992). *Trauma and recovery.* United States: Basic Books. 최현정 역. (2012). 트라우마: 가정폭력에서 정치적 테러까지. 경기: 열린책들.

International Society for the Study of Trauma and Dissociation (2011). Guidelines for treating dissociative identity disorder in adults, third revision: Summary version. *Journal of Trauma & Dissociation, 12,* 188–212.

Kabat-Zinn, J. (2003, June). Mindfulness-Based Interventions in Context: Past, Present, and Future. *Clinical Psychology: Science and Practice, 10*(2), 144–156.

Kagan, J. (2010). *The temperamental thread: How genes, culture, time and luck make us who we are.* New York: the Dana Foundation. 김병화 역. (2011). 성격의 발견. 시공사.

Krause, P. IFS with Children and Adolescents. (2013). In: M. Sweezy & E. L. Ziskind (Eds.), *Internal family systems therapy: New dimensions* (pp. 35–54). Oxford, UK: Routledge.

Krause, P., Rosenberg, L. G., & Sweezy, M. (2016). Getting Unstuck. In: M. Sweezy & E. L. Ziskind (Eds.), *Innovations and elaborations in internal family systems therapy* (pp. 10–28). Oxford, UK: Routledge.

Lanius, R. A., Bluhm, R. L., Coupland, N. J., Hegadoren, K. M., Rowe, B., Théberge, J., Neufeld, R. W., Williamson, P. C., & Brimson M. (2010, January). Default mode network connectivity as a predictor of post-traumatic stress disorder symptom severity in acutely traumatized subjects. *Acta Psychiatrica Scandinavica, 121*(1), 33-40.

Linehan, M. (1993). *Cognitive-behavioral treatment of borderline personality disorder.* New York: Guilford.

Livingstone, J. B., & Gaffney, J. (2013). IFS and Health Coaching: A New Model of Behavior Change and Medical Decision Making. In: M. Sweezy & E. L. Ziskind (Eds.), *Internal family systems therapy: New dimensions* (pp. 143-158). Oxford, UK: Routledge.

McConnell, S. (2013). Embodying the Internal Family. In: M. Sweezy & E. L. Ziskind (Eds.), *Internal family systems therapy: New dimensions* (pp. 90-106). Oxford, UK: Routledge.

Neustadt, P. (2016). From Reactive to Self-Led Parenting: IFS Therapy for Parents. In: M. Sweezy & E. L. Ziskind (Eds.), *Innovations and elaborations in internal family systems therapy* (pp. 70-89). Oxford, UK: Routledge.

Northoff, G., & Bermpohl, F., (2004, March). Cortical Midline Structures and the Self. *Trends in Cognitive Science, 8*(3), 102-107.

Papernow, P. (2013). *Surviving and thriving in stepfamily relationships: What works and what doesn't.* New York: Routledge.

Porges, S. (2011). *The polyvagal theory: Neurophysiological foundations of emotions, attachment, communication, and self-regulation.* New York: W.W. Norton.

Rosenberg, L. G. (2013). Welcoming All Erotic Parts: Our Reaction to the Sexual and Using Polarities to Enhance Erotic Excitement. In: M. Sweezy & E. L. Ziskind (Eds.), *Internal family systems therapy: New dimensions* (pp. 166-185). Oxford, UK: Routledge.

Schwartz, R. C. (2013). The Therapist Client Relationship and the Transformative Power of Self. In: M. Sweezy & E. L. Ziskind (Eds.), *Internal family systems therapy: New dimensions* (pp. 1-23). Oxford, UK: Routledge.

Schwartz, R. C. (2016). Dealing With Racism: Should We Exorcise or Embrace Our Inner Bigots? In: M. Sweezy & E. L. Ziskind (Eds.), *Innovations and elaborations in internal family systems therapy* (pp. 124-132). Oxford, UK: Routledge.

Schwartz, R. C. (2016). Perpetrator Parts. In: M. Sweezy & E. L. Ziskind (Eds.), *Innovations and elaborations in internal family systems therapy* (pp. 109-122). Oxford, UK: Routledge.

Scott, D. (2016). Self-Led Grieving: Transitions, Loss and Death. In: M. Sweezy & E. L. Ziskind (Eds.),

Innovations and elaborations in internal family systems therapy (pp. 90-108). Oxford, UK: Routledge.

Seppala, E. (2012). The Brain's Ability to Look Within: A Secret to Well-Being. *The Creativity Post*, Dec. 30. Retrieved from http://www.creativitypost.com/psychology/the_brains_ability_to_look_within_a_secret_to_well_being

Siegel, D. J. (2017). *Mind: A journey to the heart of being human*. New York: Norton.

Singer, T., & Klimecki, O. (2014, September). Empathy and Compassion. *Current Biology, 24*(18), R875-R878.

Sinko, A. L. (2016). Legacy Burdens. In: M. Sweezy & E. L. Ziskind (Eds.), *Innovations and elaborations in internal family systems therapy* (pp. 164-178). Oxford, UK: Routledge.

Smith, J. M. (2016). Introduction. In: M. Sweezy & E. L. Ziskind (Eds.), *Innovations and elaborations in internal family systems therapy* (pp. 1-9). Oxford, UK: Routledge.

Sowell, N. (2013). The Internal Family System and Adult Health: Changing the Course of Chronic Illness. In: M. Sweezy & E. L. Ziskind (Eds.), *Internal family systems therapy: New dimensions* (pp. 127-142). Oxford, UK: Routledge.

Sweezy, M. (2013). Emotional Cannibalism: Shame in Action. In: M. Sweezy & E. L. Ziskind (Eds.), *Internal family systems therapy: New dimensions* (pp. 24-34). Oxford, UK: Routledge.

Sykes, C. (2016). An IFS Lens on Addiction: Compassion for Extreme Parts. In: M. Sweezy & E. L. Ziskind (Eds.), *Innovations and elaborations in internal family systems therapy* (pp. 29-48). Oxford, UK: Routledge.

van der Kolk, B. A. (2014). *The body keeps the score: Brain, mind and body in the healing of trauma*. New York: Viking Press. 제효영 역. (2016). 몸은 기억한다: 트라우마가 남긴 흔적들. 서울: 을유문화사.

van der Kolk, B. A. (2005). Developmental Trauma Disorder: Toward a Rational Diagnosis for Children with Complex Trauma Histories. *Psychiatric Annals, 35*(5), 401-408.

Wonder, N. (2013). Treating Pornography Addiction with IFS. In: M. Sweezy & E. L. Ziskind (Eds.), *Internal family systems therapy: New dimensions* (pp. 159-165). Oxford, UK: Routledge.

저자 소개

프랭크 G. 앤더슨Frank G. Anderson, MD

프랭크 앤더슨 박사는 하버드 의과대학 정신과에서 전문의 수련을 마쳤고, 심리통증 및 트라우마의 영향을 이해하고 치료하는 전문가이다. 그는 문제가 많은 세상에 연민, 희망, 치유 그리고 비폭력을 촉진하는 데 힘을 쏟고 있다. 앤더슨 박사는 내면가족체계IFS치료―자기자각 및 정서적인 상처를 치유하는 신속한 길을 안내하는 근거 기반 치료기법―의 지지자이자 안내자로서 전 세계를 방문하고 있다. 정신과 의사이자 심리치료자인 그는 개인치료실에서 트라우마 및 해리성 정체감 장애 치료를 전문적으로 다루고 있고, 뇌 기반 심리치료에 대해 열정적으로 가르치면서 현대의 신경과학 지식과 IFS 치료모델을 통합하고 있다. 참나리더십재단Foundation for Self Leadership의 수석 책임자로 참여하면서 연구하고, 픽사와 협력하였으며, 아이슬란드에서 열린 인문정신콘퍼런스Spirit of Humanity Conference에 참여하였고, 뉴욕시의 9 · 11 테러 생존자들을 치료했다. 그는 자신의 전문 영역에 적극적으로 종사하고 있다.

마사 스위지Martha Sweezy, PhD

마사 스위지 박사는 하버드 의과대학 조교수, 케임브리지 보건연맹의 프로그램 컨설턴트이자 수퍼바이저이다. 케임브리지 보건연맹에서 변증법적 행동치료DBT 프로그램의 차장 및 원장을 역임했다. 스위지 박사는 IFS에 대한 두 편의 논문을 발표했다. 『Journal of Psychotherapy Integration』에 발표한 「변증법적 행동치료 이후에 트라우마 치료하기Treating Trauma After Dialectical Behavioral Therapy」와 『American Journal of Psychotherapy』에 발표한 「십대의 고백: 내면가족체계치료에서 수치심 조절하기The Teenager's Confession: Regulating Shame in Internal Family Systems Therapy」이다. 그녀는 또한 『내면가족체계치료: 새로운 차원들Internal Family Systems Therapy: New Dimensions』과 『내면가족체계치료에서의 혁신과 정교화Innovations and Elaborations in Internal Family Systems Therapy』를 공동 편집 및 저술하기도 하였으며, 『친밀감의 인사이드 아웃: IFS 커플치료Intimacy from the Inside Out: Courage and Compassion in Couple Therapy』(가제, 하나의학사, 근간)의 공동 저자이다. 매사추세츠주에 있는 노스햄프턴에서 치료와 컨설팅을 하고 있다.

리처드 C. 슈워츠Richard C. Schwartz, PhD

리처드 슈워츠 박사는 내담자들이 자신의 내면에 있는 다양한 부분들—상당수가 극단적인 부분들—에 대한 경험을 기술하는 것을 접하면서 내면가족체계를 개발했다. 그는 이러한 부분들이 안전하게 느끼고 그들의 걱정을 다루어 주었을 때 덜 파괴적으로 되며, 그가 '참나Self'라고 부르는 현명한 리더십에 동의하게 된다는 것을 알게 되었다. IFS를 개발하면서 그는 체계적 가족이론에서와 마찬가지로, 부분들이 내담자의 내면세계를 정의하는 걸 도와주는 특징적인 역할들을 떠맡는다는 것을 인식했다. 조화로운 역할을 하는—확신, 개방성, 연민이라는 특성을 체화하는—참나는 주변에 펼쳐져 있는 다양한 부분들의 중심으로서 행동한다. IFS는 내담자의 내면에서 치유의 근원을 찾아내기 때문에, 치료자는 내담자가 자신의 진정한 참나에 접속하도록 안내하고, 참나의 지혜를 활용하도록 돕는 데 자유롭게 집중할 수 있다. 이러한 접속은 IFS가 심리치료를 하는 데 있어서 병리화하지 않고, 희망적인 틀이 되도록 해 준다.

2000년에 슈워츠 박사는 참나리더십센터The Center for Self Leadership(최근 'IFS Institute'로 개칭—역자 주)를 일리노이주 오크파크에 설립했다. 슈워츠 박사는 여러 국제 심리치료 기관의 특별 연사로 초청받고 있고, 미국 결혼 및 가족 치료 협회의 특별 회원이며, 네 개의 전문 학회지의 편집진으로 참여하고 있다. 그는 IFS에 관해 4권의 책과 50편의 논문을 썼다. 저술에는 『내면가족체계치료Internal Family Systems Therapy』[최근 마사 스위지와 개정판 공저(초판은 학지사에서 2010년 출간)—역자 주], 『내면가족체계 모델 입문Introduction to the Internal Family Systems Model』, 그리고 공저인 『가족치료: 개념과 방법Family Therapy: Concepts and Methods』『모자이크 마음The Mosaic Mind』『메타구조Metaframeworks』 등이 있다. 슈워츠 박사는 매사추세츠주 브루클린에 살면서 치료작업을 하고 있으며, 하버드 의과대학 정신의학과 교수로 있다.

역자 소개

서 광

대학과 대학원에서 심리학을 공부하고, 이후 미국에서 종교심리학 석사와 자아초월 심리학 박사학위를 취득하였다. 현재 동국대학교 불교대학 교수로 재직 중이며, MSC 명상 프로그램을 한국에 도입하여 MSC 지도자 양성에 힘쓰고 있다. 또한 (사)한국명상심리상담연구원 원장으로 불교심리학과 선심리상담, 자아초월 심리치료 관련 강의와 워크숍 및 집단 프로그램 등을 실시하고 있다.

신인수

심리상담사, IFS 치료자, MI 훈련가이다. 자아초월상담학 박사 수료를 하였고, 한국심리학회, 한국상담심리학회, 한국인지행동치료학회 등의 정회원이며, 참나통합심리연구소(https://tsimi.modoo.at/) 소장이다. 『아동과 함께하는 내면가족체계치료』, 『자아초월심리학 핸드북』, 『최고의 나를 찾는 심리전략 35: 트라우마와 중독을 넘어 치유와 성장으로』, 『온라인 상담의 이론과 실제』(근간), 『알기 쉬운 인지행동치료』(근간), 『동기면담과 인지행동치료의 통합 전략』(근간) 등을 공역하였다.

효 림

존재에 대한 깊은 질문으로 명상 수행자가 되었다. 대학원에서 상담심리 석사를 마치고, 응용선학 박사과정 중이다. 현재 (사)한국명상심리상담연구원의 부원장, 국제 공인 MSC 지도자 및 명상심리 상담사로 프로그램 진행과 번역 활동에 매진하고 있다. 중국과 미국에서 슈워츠 박사의 7일 워크숍에 참가했던 것을 계기로 이 책의 번역에 참여하게 되었다.

김현진

미국 공인 무용/동작치료사(dance/movement therapist), 심리상담사, IFS 치료자이다. 현재 살래표현예술심리치유센터장이다. 한국 무용 전공자로서 춤이 마음건강에 미치는 영향을 깊이 체험하고 이를 계기로 예술과 움직임을 활용한 심리치유에 뜻을 품게 되었다. 서울여자대학교 특수치료전문대학원과 미국 Lesley University Expressive Arts Therapy 대학원에서 무용동작치료 석사학위를 마치고, 현재 연세대학교 연합신학대학원 상담 · 코칭학 박사과정 중에 있다.

내면가족체계[IFS] 치료모델
-우울, 불안, PTSD, 약물남용에 관한
트라우마 전문 치료 기술훈련 안내서-

Internal Family Systems Skills Training Manual:
Trauma-Informed Treatment for Anxiety, Depression,
PTSD & Substance Abuse

2020년 10월 25일 1판 1쇄 발행
2025년 1월 20일 1판 4쇄 발행

지은이 • Frank G. Anderson, MD · Martha Sweezy, PhD ·
　　　　Richard C. Schwartz, PhD
옮긴이 • 서 광 · 신인수 · 효 림 · 김현진
펴낸이 • 김 진 환
펴낸곳 • (주) **학지사**
　　　　04031 서울특별시 마포구 양화로 15길 20 마인드월드빌딩 5층
대표전화 • 02) 330-5114　　　팩스 • 02) 324-2345
등록번호 • 제313-2006-000265호
홈페이지 • http://www.hakjisa.co.kr
인스타그램 • https://www.instagram.com/hakjisabook

ISBN 978-89-997-2215-8　93180

정가　16,000원

출판미디어기업 학지사

간호보건의학출판 **학지사메디컬** www.hakjisamd.co.kr
심리검사연구소 **인싸이트** www.inpsyt.co.kr
학술논문서비스 **뉴논문** www.newnonmun.com
원격교육연수원 **카운피아** www.counpia.com
대학교재전자책플랫폼 **캠퍼스북** www.campusbook.co.kr